만남과 소통의 미학

만남과 소통의 미학

초판 1쇄 발행 2008년 6월 30일

지은이 _ 정초왕
펴낸이 _ 배정민
펴낸곳 _ 유로서적

편집 _ 심재진
디자인 _ 천현주

등록 _ 2002년 8월 24일 제 10-2439호
주소 _ 서울시 금천구 가산동 329-32 대륭테크노타운 12차 416호
TEL _ (02)2029-6661
FAX _ (02)2029-6663
E-mail _ bookeuro@bookeuro.com

ISBN 978-89-91324-37-4

만남과
소통의
미학

─ 정초왕 지음

유로
BOOKEURO
PUBLISHING

책머리에

책을 엮으면서, 어떻게 해서 연극과 인연을 맺게 되었을까 생각을 해봤습니다. 재수를 하던 어느 봄날 주말, 대학 연극반 이던 형의 손에 이끌려 느닷없이 모 여대 연극반의 공연을 보러갔던 기억이 나는군요. 연극이 '대학문화의 꽃'이던 시절, 자유롭게(?) 연극 활동을 하는 대학생들이 몹시 부러워보였던지, 대학에 들어간 뒤 연극반으로 이끄는 손들을 애써 뿌리치지 못하고 그 늪지대에 발을 들여놓게 되었습니다. 혼자 놀던 성격 탓에 아마추어 연극쟁이들의 집단문화에 적응하는 것이 쉽지 않았던 것 같은데, 갈등 속에서도 모질게 손을 털지 못하고 고참이 되도록 그곳에 눌러앉아 있을 수 있었다는 사실이, 지금 생각해보면, 한편으론 신기하기도 합니다.

연극을 통해 알게 된 작가와 작품 공부를 해보려고 진학했던 대학원에서 무사히(?) 학위를 받고 운 좋게도 이른 나이에 고향 도시의 대학에 취직이 되었는데, 그저 공부 열심히 하고 가르치며 좋은 관객으로 남으리라 생각했었지만, 연극 현장과의 인연은 다시 이어지고 말았습니다. 학과 학생들이 준비하는 연극을 나 몰라라 할 수 없어 끼어들게 되었고, 지도교수 자릴

맡아 달라는 대학 연극반의 요청도 차마 거절을 못했으며, 그
러다보니 알게 모르게 이름이 알려진 덕인지 전주시립극단의
요청으로 상임연출의 직책까지 맡게 되었습니다. 본디 지역 연
극 발전의 새로운 기틀을 다지는데 작은 도움이라도 되면 좋겠
다는 생각에 떠맡았던 자리였기에, 시립극단의 틀을 재정비하
여 단원들도 상근 체제로 작업할 수 있게 하는 등 여러 여건 개
선 작업을 이루어내고, 민간 소극장을 만들어 소극장 연극을
활성화시키는 데에도 일정한 역할을 할 수 있었던 것은 개인의
차원을 넘는 행운이기도 했습니다. 그러니 마침 극단 활동과
학교 일을 병행하는 것이 힘에 몹시 부치기도 했던 차에 몇 년
간의 긴 외도(?)를 끝내면서는 그리 큰 아쉬움도 없었고, 다시
금 본업에만 전념하면서 좋은 관객이 되는 것으로 만족하리라
고 다짐을 한 것도 당연했습니다.

　그런데 막상 현장을 떠난 처지가 되고 보니, 공연되는 연극
에 대해 평을 써달라는 의뢰를 물리치던 빌미도 없어지게 되
고 말았습니다. 늘 그랬듯이 평론가이기보다는 연극인으로 남
고 싶었기에 동료들의 작업을 비판적으로 평가한다는 일이 여
러모로 조심스럽기도 했지만, 비평 문화가 정립되어있지 않은

지역 연극계의 사정을 전혀 모른 체 하기도 어려웠습니다. 그
러다보니 막 현장을 떠났던 90년대 중, 후반에는 개별 공연이
나 연극제에 대한 비평, 또는 연극과 관련된 이러저러한 글들
이 비교적 많이 나오게 되었는데, 의뢰를 받기 전에는 또 먼저
나서서 쓰겠다고 해본 적이 없어서 그랬는지, 2000년대에 들
어서는 일 년에 한편이 될까 말까 한 결과가 되었으니 한편으
로는 그것도 참 쑥스럽기도 합니다. 그러니 그 긴 기간 동안에
나온, 대부분이 이미 과거의 것이 된 것들을 한데 엮어서 한 권
의 책으로 묶어내는 마음도 그다지 뿌듯하다고 할 수도 없습니
다. 그럼에도 어렵사리 책으로 선보일 결심을 하게 된 것은, 지
역 연극이 지속적으로 발전하기 위해서는 지역 무대에 오르는
연극 공연에 대해서 적절한 비평과 토론이 밑받침되어야 한다
는 점, 그리고 이론적 학술적 토대를 갖추고 있으면서 현장의
메커니즘도 이해할 줄 아는 제대로 된 비평과 토론 문화가 정
착되기 위해서는 기록으로 남겨지는 문자화된 비평적 자료들
이 그 기본 토대로서 필요할 수밖에 없다는 점을 염두에 두었
기 때문입니다.

　연극에 대해서 말하거나 쓰거나 할 때마다 '대체 이 시대에

이곳에서 연극이란 무엇이며, 또 무엇을 할 수 있는가?' 하는 질문이 늘 되풀이됩니다. 어느 때이던가, '연극의 이해' 라는 교양 과목을 강의하던 시절에는 어느 학생으로부터 '이 시대에 뒤진 낡은 예술' 이 존재해야하고, 또 공부해야하는 의미는 무엇이냐는 질문을 받고 내심 당황했던 기억도 납니다. 영화와 연극, 영상매체와 공연예술의 다른 점, 또는 지배적인 흐름과 대안적 지향의 관계 등을 거론하면서 애써 그 질문에 대답을 해줬지만, 사실 그럴 필요가 별로 없었다고 느낀 건, 그 학생이 '좋은 연극을 아직 단 한 편도 공연 현장에 가서 본 적이 없는 사람' 임이 드러났기 때문이었습니다. 결국, "지하철 1호선" 에 관한 기행문 끝에서도 썼듯이, 연극 예술의 생산자들에게 무엇보다 중요한 것은, '지금 이곳에서의 연극의 존재 의미' 에 대해 문제의식을 잃지 않는 가운데, 관객과의 연대의식을 바탕으로 한 '만남' 과 '소통' 의 과정 속에서, 서로가 공유하는 현실적 삶의 갖가지 난관을 함께 헤쳐 나가려는 자세가 아닐까 합니다. 그럼으로써 이 불감증의 시대, 무한 생존경쟁의 정글법칙이 지배하는, 사막과도 같은 삶 속에서 제 한 목숨을 부지할 힘마저 미약해진 수많은 사람들 중에 그나마 '오아시스' 를 꿈꾸는 사람마저 전혀 찾아볼 수도 없게 되는 사태를 어쩌면 막을 수도 있을 테니 말입니다.

 "만남과 소통의 미학"이라는 책제목도 이처럼 - '연극의 세계'라는 제목의 글 속에도 썼듯이 - 연극 예술이 인간관계를 기본 틀로 하는, 사회적인 유래를 가진 '의사소통의 매체'였고, 앞으로도 그러한 점에서만 그 존립의 의미를 보장받을 수 있으리라는 소견에서 생각해낸 것입니다. 책 속의 글들이 대부분이 지역에서 - 그리고 베를린에서 - 공연된 연극들과 '만나서 (소)통한, 또는 (소)통하려 애쓴' 노력의 소산이라는 점에서는 꽤 괜찮은 제목 같기도 합니다만, 사실 처음에는 '연극의 숲에서 길을 헤매다'라는 제목을 떠올렸습니다. 더 겸손해보이기도 하고, 필자의 속마음을 더 적절하게 나타내준다고 생각했던 것인데, 아직도 좀 미련이 남아 있기는 합니다. 어쨌든 거의 오로지 '지역의 연극'에 관해서 쓴, 소박한 분량의 책이지만, 쉽게 글을 쓴 적은 단 한 번도 없었던 저의 '땀의 소산'이기에, 감히 부끄럽게 여기지 않아도 좋겠다는 생각이 들기도 합니다.

 처음에는, 결심이 문제이지 책으로 묶는 일은 그다지 어렵지 않으리라고 생각했습니다. 그러나 막상 작업에 들어가고

보니 이미 발표되었던 원고를 다시 배치하고 정리하는 기계적
인 작업에도 의외로 물리적인 시간이 꽤 필요했을 뿐 아니라,
당시에 적어놓은 비교적 꼼꼼한 기록에 살만 덧붙이면 될 것이
라고 생각했던 '베를린 연극기행'의 세목을 다듬는 일은 더욱
이나 만만한 작업이 아니었습니다. 일기 형식으로 애초에는 아
무런 제약도 없이 적어놨던 '사적인 기록' 중에서 쓸 만한 것
을 취사선택해야 했고, 또 그 '날것 그대로의 표현들'을 순화
시키는 작업도 해야 했으니, 별로 길지 않은 글을 최종 마무리
하기까지는 상당한 시간이 소요될 수밖에 없었습니다. 그럼에
도 이 '연극기행'에는 그 표현의 성격상 정식 평론에는 구사하
기 어려운 정제되지 못한 부분들이 남아 있는 것이 사실입니
다. 혹여 어떤 분들은 이런 부분을 읽으며 불쾌한 기분을 느낄
지도 모르겠습니다만, 요즘 기행문 형식을 빌린 문학 작품도
있고, 아예 출판하기 위해 기록하는 일기도 있다는 점 등을 고
려하시어 널리 양해해주시길 부탁드립니다.

끝으로, 만날 때마다 늘 반갑게 맞이해주시는 우리 지역의
동료 연극인들, 거의 대부분의 발표된 원고를 의뢰해주셨던
'문화저널', 책 발간을 지원해주신 '전북대 인문학연구소'와

출판을 맡아주신 '유로서적', 그밖에도 늘 저를 아껴주시는 모든 분들에게 감사를 드립니다. 그리고 언제나 저의 보루가 되어주는 제 아내와 두 딸, 돌아가신 할머니와 아버지, 늙으신 어머니와 형제들의 가족들, 연극기행을 쓰던 당시 베를린 체류를 가능하게 해주셨던 동서네 식구들에게도 이 자리를 빌려 무한한 고마움을 전합니다.

CONTENTS

II 문풍지 틈새로, 혹은 뜰에 나와 달 쳐다보기 _ 113
　　　– 연극에 관련된 글

III 찬바람 불어오는 나의 빈 구석 _ 143
　　　– 95/96 겨울시즌 베를린 연극기행

관찰을 하려면
비교할 줄 알아야 돼. 비교를 하려면 먼저
관찰을 해야 해. 관찰을 해야
지식을 얻게 되지만, 지식이 없이는
관찰을 할 수가 없지.

- 베르톨트 브레히트

Ⅰ

사막의 오아시스, 또는 신기루

— 개별 공연 및 연극제 비평

I 사막의 오아시스, 또는 신기루
― 개별 공연 및 연극제 비평

조직에 짓눌리는 개인의 비극:
극단 황토의 「오장군의 발톱」

박조열의 「오장군의 발톱」이 지난해 12월 서울의 극단 「미추」에 의해 서울에서 공연된 이래, 극단 「황토」에 의해 전주에서도 공연되고 있다. 그 동안 공연이 금지되었던 작품이 당당히 무대에 오르는 것은 그만큼 우리의 사회, 역사적 발전이 진척되고 있음을 예증해주며, 가득 찬 관객 역시 지역 연극의 발전에 대해 밝은 전망을 가능케 해주는 것이어서 더없이 즐거운 마음이다. 그러나 다른 한편으로는 공연 자체가 주는 아쉬움이 있었음도 부인할 수 없다.

「오장군의 발톱」이 말하고자 하는 것은 결국 군대생활에 적응하지 못한 얼뜨기(?) 병사의 개인적 비극만은 아니다. 표면에 드러나는 줄거리 전개에서 유추할 수 있고 또 해야 하는 것은 메카니즘화한 거대한 조직 사회에서의 개인적 동질성의 파괴와 상실이라는 심대한 주제일 것이다. 비인간화한 전체주의의 군대조직, 관료주의의 문제와 함께, 개인과 전체, 인간과 사회

등 예술의 보편적 주제가 이 작품에서도 다루어지며, 인간은 과연 어떻게 행복해질 수 있는가 하는 문제가 더불어 암시되고 있다.

모두 열다섯 개의 장면으로 구성되어 있는 이 작품은 우화적 스타일, 개방적인 형식을 취하고 있다. 연극 기법에 있어서는 인물과 의상, 장치의 양식화를 통해 연극의 유희적 성격을 강조하고 오락적 재미를 추구하는 동양연극의 전통을 수용하고 있다고 할 수 있다. 물론 이러한 점은 소위 서사극의 양식적 기반이기도 하다.

작품이 전체적으로나 부분적으로나 다양하게 사용하는 아이러니와 역설이 유발하는 웃음은 서사극이 추구하는 재미와 비판적 거리를 동시에 가능하게 해준다. 징집영장의 배달 착오를 가져오는 「장군」이라는 이름, 군대의 가장 말단인 이등병으로 복무하다 희생되는 「오장군」자신에게는 비극이고 타인에게는 소극(笑劇)인 군복무 중의 오장군의 행적, 가장 무능한 군인이 작전 수행의 가장 유능한 인물로 발탁되는 과정, 진실이 연기(演技)로 보여지고 적군에 의해 영웅시 되는 장렬한 죽음… 이 모두가 아이러니의 역설적 상황을 드러내주는 것이다.

이번 「황토」의 공연도 상당부분 원작의 뚜렷한 주제의식과 형식, 기법상의 탁월함에 힘입고 있다고 생각되며, 여러 면에서 극단원들의 열성이 두드러지게 보인 공연이었다. 그러나 작품의 주제가 희곡의 구성 원리에 따라 충실히 혹은 창조적으로 전달되었는가 하는 점에 있어서는 의문의 여지가 있지 않을까 싶다.

다른 점은 차치하고, 오장군의 인물해석과 형상화에 있어서 바보 같은 모습이 지나치게 강조된데 문제가 있을성싶다. 주인공이 바보나 얼뜨기라고 할 경우, 원작의 취지와는 달리 그의 비극에는 비록 운명적인 것이라고 할지라도 그 자신이 담당해야 될 몫이 생기는 것이다.

이러한 면도 역시 어쩌면 연극적 재미를 추구하는데서 생긴 난점인지 모르겠다. 비판적 성향의 연극에 있어 웃음은 어디까지나 생각하게 만드는 웃음이어야 할 것이다. 전체적인 틀과 전혀 무관한 강요된 웃음은 오히려 작품의 이해에 해를 끼칠 수도 있지 않을까한다.

이것이 상업성과 관련된 의도적인 것이었다고는 생각하고 싶지 않다. 다만 연극이 재미있어야 한다는 명제에 찬성하면서도, 의도적인 재미의 추구가 가져올 수도 있는 역겨움을 염려하는 것이다. 대중성을 지나치게 고려하다보면 통속, 저급화가 뒤따르지 않을까?

극단 「황토」의 부단한 열성에 경의를 표하며, 예술표현의 자유가 확대되고 있는 이때, 감히 아도르노(Th. W. Adorno)가 지적한 비판지향적 예술의 역기능에 대한 우려가 기우이기를 기대해 본다.

(전북일보: 문화시평, 1989년 2월 28일)

80년대는 80년 광주민중항쟁과 87년 6월항쟁을 거치며 성숙된 민중의 정치, 사회적 의식이 문화, 예술 작업에도 지대한 영향을 끼친 것으로 평가된다.

연극 분야에 있어서도 70년대 탈춤운동과 80년대 초반의 마당극 운동이 민족극의 정립이라는 이론적, 실천적 과제로 자연스럽게 전이되었다.

따라서 80년대 전북연극도 우리 연극적 흐름의 이러한 맥락과 결부시켜 파악하는 것이 당연하겠으나, 여러 한계로 인해 피상성을 면치 못할 것임을 미리 아쉽게 생각하며, 그 성과와 문제점을 개괄해보고자 한다.

80년대 전북연극은 상당한 성과를 거두며 발전한 것이 사실이다.

전주에 근거를 둔 극단 「황토」의 활약은 80년대 전북 연극을 말할 때 빼놓을 수 없는 것이 되었다. 84년 4월 창단된 「황토」는 불같은 의욕으로 꾸준히 여러 수준 높은 작품들을 무대에 올렸으며, 86년에는 박병도 연출의 「물보라」가 제4회 전국지방연극제에서 최우수상을 수상함으로써 전북연극의 우수성을 전국에 알렸다. (이 해는 우연찮게 원광대 연극반 「멍석」이 전국 대학연극제에서, 유일여고 「한매극회」가 개천예술제에서 최우수상을 수상함으로써 전북연극 최고의 해가 되었다.) 89년에도 「오장군의 발톱」으로 전국연극제 최우수상을 수상한 극단

「황토」의 간과할 수 없는 또 하나의 공은 어려운 여건에도 불구하고 지속적으로 이어가고 있는 전용 소극장 운영이다.

86년 9월 개관된 「황토예술극장」은 연극 전용소극장으로서는 지금까지도 유일하게 터를 잡고 있거니와, 장기공연을 통해 깊어지는 배우의 연기력과 기타 제반 요소들과의 조화가 연극의 생명이라고 할 때, 「황토」가 거둔 성과는 소극장 확보에 힘입은 바 크다고 하겠다.

90년대의 부단한 발전을 위해 초석과도 같은 든든한 기반이라고 할 수 있는 것은 전주시립극단의 탄생이다.

전주시립극단은 향토연극인 육성의 측면에서나 향토 연극의 맥을 잇는다는 측면에서 향토 연극인들에게 큰 기쁨을 주었다.

무엇보다도 각 시도 가운데 광주, 포항에 이어 현재에도 국내에 세 개밖에 없는 시립극단 중의 하나로 위치를 확고히 하고 있다는 것은 이른바 예향인 전북지역연극의 선도성을 뚜렷이 드러내주는 예라 하겠다.

전주시립극단은 창단공연으로 프랑스 고전극 「까스띠야의 연인들」을 올린 이래로 86년부터는 「가스펠」등 지방무대에서 올리기 어려운 뮤지컬 작품들과 '전통의 현대화'라는 기치아래 실험성 짙은 작품들을 추구했으나, 한편으로는 사회, 역사적 현실과는 거리가 먼 순수예술지향적 작품만을 선택하고 있다는 등 이의가 여러 영역에서 제기되기도 했다.

89년 상임연출자가 교체된 전주시립극단은 80년대 우리문화예술의 실천적 점검을 통해 우선적 예술방법론으로 채택된

리얼리즘의 정착을 새로운 목표로 설정하여 모색의 과정을 걷고 있으므로 90년대에는 보다 변모된 새 모습을 보일 수가 있을 것으로 기대된다.

80년대 전북연극계를 돌이켜볼 때 아주 긍정적인 측면을 또 하나 얘기할 수 있다. 전주지역이외에 극단이 전무하다시피 했던 70년대의 현실에 비추어 군산, 이리, 남원 지역에서 연이어진 지역 극단들의 창단은 문화적 편중을 극복하고 연극 인구의 저변확대를 기할 수 있다는 점에서 괄목할 만한 것이라고 하겠다.

지금까지 활동을 계속하고 있는 극단으로 85년 창단된 군산의 「동인무대」, 86년 창단된 남원의 「둥지극회」, 87년 창단된 이리의 「토지」등을 예로 들 수 있겠다.

그 외에도 긍정적 측면과 관련하여 80년대 전북 연극이 거둔 성과는 많다. 87년 5월 전주에서 개최된 제5회 전국지방연극제는 전북의 참가 극단이 큰 성과를 거두지 못해 아쉬움을 주기도 하였으나 대회가 무난히 마무리됨으로써 전북 연극인들의 역량이 과시되기도 했다.

그 밖에 84년 문치상 씨를 첫 수상자로 배출하며 시작된 '전북연극상'은 향토연극인의 창조의욕을 불러일으키는데 큰 기여를 했으며, 서울 극단들을 비롯한 외국 극단의 문제작들이 초청공연형식을 통해 소개됨으로써 지역관객과 연극인들의 안목과 시야가 부쩍 확장되는 계기가 되기도 했다.

그러나 이러한 빛나는(?) 성과 뒤편에 그림자와도 같은 문제점들도 공존하고 있었음을 간과해서는 안 될 것이다. 80년대 우리나라 연극의 발전과 성과를 두고 볼 때, 우선 전북 지역 연극의 문제점은 민족, 민중연극 분야에서 찾을 수 있다.

여러 얘기는 그만두고라도 88년부터 시작된 「민족극한마당」이라는 이름의 축제에 전북지역은 참여조차도 못했던 것은 여러 가지 의미를 부여한다. 사실 스스로 자괴심이 일기도 하는 이러한 상황은 전국에서 처음으로 시작되어 유일하게 지속되던 전라북도 대학연극제의 표류와도 무관하지 않다고 본다. 그러나 결국 보다 큰 요인은 민족, 민중연극의 미래를 열어가고자 하는 대학연극 출신의 인재들이 활동할 구체적인 조직이 토대가 미약하다는데서 찾을 수 있을 것이다. 어쨌든 민족 민중운동의 부문 운동으로서의 문예운동, 그리고 그 문예운동의 부문으로서의 연극운동의 조직적 토대는 물적 토대에 앞서 이념적 지향성의 합의 도출 혹은 최소한 통일전선적 단결을 전제로 한다고 할 때, 아직은 이 부분부터가 완결되지 못한 것이 아닌가 한다.

80년대 전북연극의 문제점으로 또 하나 지적할 것은 그 정체성(혹은 독창성)의 결핍이다. 서울 극단들의 성공작품들이 다수 지역극단에 의해 무대에 올려지는 것 자체를 문제라고 할 수는 없을 것이다. 다만 흥행을 작품의 지명도에 의지하는 외에도 상당부분 연기, 무대미술 심지어는 연출 방식까지도 모방, 답습하는 것이 아니냐는 의혹이 제기된다면 이는 전북 지역연극의 발전적 전망과 관련해 볼 때 크게 숙고해봐야 할 일이라고 생각된다.

또 하나 극단 수가 절대적으로 부족하다는 점도 빠뜨릴 수

없다. 마치 어느 한 극단의 성공이 다른 극단들의 몰락의 조건
이기나 하듯, 다수 극단들이 창단 이후 몇 개 공연을 넘기지
못하고 해체되거나 유명무실해져버려 직할시를 꿈꾸는(?) 전
주에 실상 활동하는 극단이 두 개밖에 안되는 부끄러운 결과가
초래되었다.

결국 이러한 문제점은 90년대를 맞이하는 현시점에서도 연
극계가 안고 나가야할 과제가 되고 있는 셈이다.

(전북일보: 80년대 전북문화 - 연극, 1989년 12월 8일)

단순한 경선 무대로부터 벗어나는 일:
제9회 전북연극제

연극 평을 쓴다는 것은 상당히 부담스러운 일이다. 공연 비평이 연극 발전에 긍정적인 기능을 할 수 있음을 충분히 수긍하면서도, 한편으로는 우려되는 그 역기능을 종종 실감하고 있기 때문이다. 더욱이 각기 다른 여러 공연들을 뭉뚱그려서 평해야 하는 입장에 처하면 난감함의 정도가 더 심해진다. 누구에게나 취향이 있기 마련이다. 예를 들어 같은 음식을 놓고서도 미식가들의 의견이 엇갈릴 수 있을 텐데, 하물며 여러 집의 품목이 다른 음식들을 비교 평가한다는 것은 어쩌면 우스운 일이 될지도 모른다. 게다가 필자가 어떤 식으로든 연극 작업과 관계를 하고 있다 보니, 같은 연극인들의 작업을 놓고 이러쿵저러쿵 하기가 몹시 조심스럽고 신중할 수밖에 없는 것이다. 이러한 핑계들을 내세워 필자는 제9회 전북연극제 및 제11회 전국연극제의 예선대회를 평가하는 이 글의 초점을 자연스레 이번 행사의 전체적인 성과를 예년과 비교해서 살펴보는 데에 맞추어 보려고 한다.

6월 8일에서 11일까지 치러지고 12일 오전에 심사결과 발표와 시상식을 가진 이번 연극제에는 진주의 3개 극단과 이리의 1개 극단이 참가하여 우선 양적으로 예년에 비해 풍성한 성과를 거두었다. 창작극 2편과 소설 각색품 2편으로 이루어진 출품작들의 외적으로 다양한 면모도 성과라면 성과일 수 있겠다.

첫날 공연된 디딤예술단의 "숨은 물"(정복근 작, 안상철 연출)은 역사적 인물들 간의 대립구도를 통해 '역사의식'을 부각시키려는 의도를 담고 있는 원작자의 최근작을 토대로 했다. 가면극 요소의 도입, 깔끔한 무대장치 등을 비롯한 긍정적인 점들이 많았으나, 전체적으로는 호소력이 부족했다는 평이어서, 무거운 메시지에 재미를 담아 적절히 전달한다는 일이 용이치 않음을 다시 느끼게 해주었다. 연출자의 경륜과 꽤 긴 연습기간에도 불구하고 드러날 수밖에 없었던 이러한 '설익음'이 경험이 부족한 배우들의 역량과도 관계가 있겠지만, 원작자의 다른 작품이 그렇듯이, 원작 자체의 구조에 기인하는 것이 아닐까 생각되어 아쉬운 느낌을 저버릴 수 없다. 이제 겨우 창단 1년 남짓 만에 배우는 자세로 출품했다고 하는 디딤예술단의 패기와 열정이 부단한 발전으로 열매 맺게 되기를 바란다.

둘째 날 공연된 극단 황토의 "탁류"(채만식 원작, 이호중 연출)는 작년 가을 공연된 적이 있던 작품이다. 이번 무대는 큰 틀은 작년의 것을 유지하면서도, 몇 몇 배역들을 교체하고 고정세트를 도입하면서 더 잘 다듬어진 연기력을 선보임으로써 변화된 모습과 함께 관객들의 관심을 끌었다. 지나친 효과음악이 도리어 관극의 집중도를 떨어지게 한다든지, 너무 빠른 장면전환의 시도가 실수를 유발시켰다든지 하는 사소한 결점들을 빼면, 공연 자체로는 거의 흠 잡을 데가 없었다. 다만 심사평에서도 제기되었듯이, 흘러간 시절의 자연주의적 색채를 기초로 한 이런 종류의 작품이 연출의 특별한 재해석이 없이 무대에 재현되는 데에 그칠 때, 보다 강력한 경쟁자 앞에서는 순

위에서 밀릴 수밖에 없다는 점이 아쉬움으로 남는다.

셋째 날 공연된 창작극회의 "꼭두, 꼭두!"(곽병창 작, 연출)는 사할린 귀환동포의 문제를 소재로 해서 우리 민족의 고난사를 다룬 작품으로, 연출자 자신이 직접 쓰고 연출했다는 점에서 우선적으로 관심을 끌었다. 시의성 있는 강렬한 주제 표출과 더불어 공연양식상의 틀거리로 삼은 인형(꼭두)극과 무대극의 접목도 주목할 만한 시도였다. 자신의 작품의 주제와 내용을 꿰고 있는 연출자의 역량과 타 극단에 비해 상대적으로 경험이 많은 인력을 보유하고 있다는 극단의 이점이 어우러져 괄목할 만한 성과를 거둔 것으로 생각된다. 다만 전국 무대에서 좋은 성과를 거두기 위해서는 짧은 연습기간 때문에 불가피하게 드러난 문제들(예를 들어 군더더기를 없애고 집중력을 키우면서 연기를 심화시켜야 한다는 점)을 보완해야 한다는 과제를 남겼다.

마지막 날 공연된 극단 토지의 "난초의 죽음"(최솔 연출)은 문순태의 원작소설을 각색해서 올린 작품이다. 공연 자체의 성과만 가지고 볼 때 예전의 것("삼포 가는 길")에 훨씬 못 미친 느낌이다. 단편의 길이를 적절하다고 생각된(?) 공연의 길이에 맞춰 늘이다 보니 생긴 문제점일지 모르겠으나, 지루한 감을 떨칠 수 없었다. 그러나 이러한 방식의 각색이 그 자체로는 의의를 가질 수밖에 없음을 우리 극작계의 현실에 비추어 되새기면서 더한 발전을 기대해본다.

전반적으로 이번 연극제에 출품된 다수의 작품들에서는 공연양식의 문제도 문제이지만, 연출관점이라는 뼈대, 즉 원작

해석력의 문제가 제기될 수 있다고 본다. 연극이 해석의 장에 그치지 않는 표현의 장이라는 점은 부인할 수 없는 사실이지만, 그것은 해석을 토대로 한 표현인 것이다. 부족한 점들이 없을 수는 없다. 그러나 이번 연극제는 그 질적인 수준에서도 예년을 상회했다고 보며, 따라서 이 지역 연극의 발전에 보람찬 계기로 작용하기도 했다. 무엇보다 출품작들의 면면을 살펴볼 때, 지방연극이 서울연극의 기막힌 모작에 불과한 것이 아닌가 하는 의혹을 이번에는 비켜갈 수 있게 되었으니 말이다.

그러나 이번 연극제에서 실상 무엇보다 고무적이었던 것은 관객들이 보여준 관심과 성원이었다. 관객들의 열기는 연극제의 전 기간 동안 예술회관의 객석을 가득 메우고도 남아서 부득이 조금 게을렀던 일부 관객들은 하릴없이 발길을 돌려야만 하는 사태가 빚어지고 말았다. 이러한 상황을 목도하고서도 우리 지역 연극에 대한 관객들의 관심증대라는 결론을 곧바로 끌어내기를 주저하게 만드는 요인을 들기란 그리 어렵지 않다. 무엇보다 무료공연이었고, 각 극단에 배정된 1회씩의 공연으로는 그간 확보한 고정관객들 조차도 소화시키기 어렵기도 했다. 하지만 어떤 공연들이, 빈도와 정도 차이는 있지만, 보여줄 수밖에 없었던 지루함을 끈질기게 견뎌내는 초인적(?) 관극 태도를 시종일관 고수한 관객들(실상 이들 곁에 자리해서는 생리적으로 나오는 하품과 기침도 몹시 눈치가 보였다), 이들을 어떤 식으로든 식상하게 만들어 극장 밖으로 내모는 것이 얼마나 죄짓는 일인지를 이 지역의 연극인들에게 절감하도록 만들었다는 것도 사실이다. 이 점이 공연의 질적인 수준 문제와 밀접히 관련되어 있음은 두말할 나위가 없을 것이다.

연극제는 창작극회가 최우수작품상을 비롯한 다수의 상을 휩쓸고 전국연극제의 출전권을 얻으면서 그 막을 내렸다. 지역 연극의 어쩔 수 없는 현실 때문에 전국연극제 출전권을 따기 위한 연극시합에 '울며 겨자 먹기'로 출전해 마음 졸이다가 한숨을 내쉴 수밖에 없는 여타 다수의 극단들을 보면 정말 말문이 막힐 뿐이다. 연극제가 단순한 경선무대로 전락하지 않고, 각 극단들의 균형적 발전을 위한 선의의 경쟁과 교류, 그리고 화합의 장으로 굳건히 자리 잡게 되기를 바라마지 않는다.

(문화저널: 문화시평, 1993년 7월호)

민간연극 발전의 기본 취지가 무색했다:
제11회 전북연극제

연극이 무엇인가? 사람들은 대체 왜 아직도 연극을 하고, 또 보러 다니는가? 이 척박한 토양에서 별로 영악해보이지도 않는 그런 일을 끈질기게도 물고 늘어지는 이유는 도대체 무엇이란 말인가? 이러한 질문은 참으로 어리석게 들릴 법도 하다. 그러나 사실 인간의 생명력 자체는 연극(혹은 예술 전반)의 존재 유무와는 별 상관이 없다. 바꾸어 말하면 연극이 없이도 사람들은 계속 살아갈 수 있을 것이다. 하지만 여기서 우리는 다음과 같은 문제를 떠올릴 수 있으리라. 보다 더 나은 삶을 향한 기대, 개인적인 행복의 충족만으로 끝날 수 없는 자유롭고 평등하며 우애로운 공동체 사회에의 희망... 이 유사 이래 제대로 된 인간들의 본연적인 욕구 중의 하나를 떠올릴 때에야 우리는 특히나 사회적인 유래와 기능을 갖고 있는 연극예술의 존재의의를 희미하게나마 다시금 수긍해볼 수 있다. 그렇다면 사막과도 같은 환경에서 비록 선인장과도 같은 형태일지언정 지금 이곳의 연극이 목숨을 부지하고 있다는 사실을, 그러한 우리네 열망과 욕구가 아직도 아주 죽어버리지는 않았다는 증빙으로 삼아, 제법 뿌듯한 기분으로 되새김해볼 수 있을지도 모른다. 마치 삼풍백화점 붕괴사고 현장에서 헌신적으로 일하는 사람들에게서 인간에 대한 일말의 희망을 찾듯이. 그러나 그러한 인위적 재앙의 현장에서 조차도 또한 탐욕, 이기심과 공명심이 날뛰고, 일신의 영달을 지키려 광분하는 자들이 공존하고 있음을 목도하며 우리는 과연 무슨 생각을 하여야 할 것인가. 차라리 그 사고가 인재가 아니라, 지진과 같은 자연적 재앙이었다면 우리는 우리 민족에 대해 더할 나위 없는 자긍심과 희망을 품을 수도 있었을 것이다. 95 전북연극제 총평의 서두치고는 너무 옆길로 새버린 듯도 하지만, 글을 시작하면서 이러한 연극개론적인(?) 이야기가 불쑥 튀어나오게 된 것이 전혀 이유가 없지도 않다는 생각이다.

제11회 전북연극제가 6월 26일 부터 7월 3일까지 전북예술회관에서 거행되었다. 전날의 개막행사와 다음날의 부대행사(세미나 및 시상식)를 포함하면 장장 10일 간에 걸쳐 행사가 펼쳐졌고, 참가 극단도 4개 단체에 이르니 예년에 비해 부족하지 않은 셈이다. 문제는 이러한 일견 그럴듯해 보이는 외양이 그에 상응하는 내실을 담고 있었느냐 하는 점에 있을 것이다.

극단 사랑의 "살로메"와 극단 갯터의 "엄마는 오십에 바다를 발견했다" 공연은 우선 그것이 과연 어느 정도까지 작품자체의 진실에 접근했는가 하는 문제를 제기했다고 할 수 있다. 대다수의 배우들이 성격구축에 실패했고, 발성과 동작 등 연기의 기본적인 측면에서조차 문제를 내보이는 경우가 적지 않았다. 무대미술과 음악도 평범하다 못해 진부해보이기까지 했다. 그러나 또 한편으로는 이러한 문제가 오로지 배우와 스태프들 자신만의 책임일까 하는 의문도 든다. 왜냐하면 결국에 이것은 연출의 작품해석과 긴밀한 연관성을 갖기 마련이니 말이다. 인물해석에 관련된 문제를 떠나서도 "살로메"의 공연에서는 사건의 단순한 나열을 피하면서 중심부분을 심화시키거나 특성화시키는 과감한 연출전략이 필요했다고 보이며, "엄마는 오십에..." 공연에서도 섬세하고도 자연스러운 내면연기를 요구하는 원작의 특성에 비추어, 특히 무대장치의 문제를 미리 숙고해볼 필요가 있지 않았을까 한다. 본디 소극장 무대에 적합한 내용을 담기에 무대세트는 너무 컸으며, 극히 사실적인 장치들은 현재와 회상을 오가는 텍스트를 관객의 머릿속에 적절히 심어 주기에 오히려 방해요소가 되었다는 생각이다. 다만 바라는 것은 이러한 비평적 언사가 오로지 애정 깊은 질책으로써 더 큰 발전의 거름으로 작용했으면 하는 것이다.

전주시립극단의 "다시래기"는 드물게 접하는 잘 만들어지고 재미있는 공연이었다. 예전의 서울극단의 공연을 답습하지 않고, 무엇보다 극장을 '열린 공간'으로 활용한 연출이 돋보였으며, 각 배우들의 연기, 무대미술과 음악적 요소 등 여러 측면들이 별로 흠잡을 데가 없어 보였다. 그러나 자만할 정도는 아니다. 더 높은 도약을 위해 몇 가지 지적해보면, 우선 '지금 여기서' 이 극이 가질 수 있는 의미를 좀 더 깊이 천착할 필요가 있었다. 예를 들어 '우리 시대의 억울한 죽음'과 '새로운 출발'의 문제를 접목시킬 수도 있었을 것이다. 이는 물론 '저승사자', 그리고 '사령과 민중들'을 어떻게 해석하여 서로 대치시킬 것인가 하는 문제와 불가분의 관계가 있을 것이다. 극중극(다시래기극)과 본극의 경계가 좀 더 명확했으면 싶고, 등장인물의 타당성도 좀 더 분명해야 할 것이다. 상주 부부의 극 참여가 너무 적은 것, 풍남제 공연 때에 비해 객석에서의 연희성이 감소된 것도 아쉬운 점이었다. 짧은 연습기간에 대폭 수정함으로써 불가피하게 발생할 수밖에 없는 문제들도 나 같은 사람의 눈에 는(?) 드러나 보였다. 대사전달도 좀 더 분명히, 자신 있는 동작 으로 했었으면 싶고, 각 장면들이 좀 더 매끄럽고 활기차게 연 결되었더라면 더 바랄게 없었을 것이다.

창작극회의 "꽃신"은 이 지역 민간 연극의 현재와 미래, 한 계와 가능성을 동시에 보여주는 공연이었다. 한편으로 원작의 스케일, 그리고 그것을 공연화하는 데 있어서의 꽁수(?) 부리지 않는 접근방법은 그저 경탄스러울 뿐이다. 우리나라의 어느 지 방 민간극단이 이 정도의 내용, 형식적 규모를 가진 공연을 감 히 구상하고 또 현실화시킬 수 있을 것인가. 그러나 다른 한편 으로 이러한 과감한 도전을 튼실하게 밑받침하기에는 몇 가지 아쉬운 점들이 있었다고 보이며, 그것이 결국 공연의 미심쩍은 부분으로 남게 되지 않았을까 한다. 우선은 극단의 정기공연 시 지적된바 있던 '꽃신'-모티브의 호소력 부족이 개선되지 않 은 점을 지적해볼 수 있겠다. 그것이 작품의 제목으로서 타당 하고도 확고한 의미를 갖기 위해서는 단지 극중극의 모티브에 그치지 않고 본극으로도 그 의미가 확장되면서 극을 전반적으 로 떠받드는 이미지로 발전될 필요가 있었다고 보인다. 이점은 물론 그것을 구체화하는 연출역량과도 밀접히 연관되는 문제 이기도 하다. 이번 공연은 지난 정기공연에 비해 군더더기가 많이 잘리면서 지루함을 덜고 속도감을 주는 데는 성공했다고 보이나, 끝마무리가 너무 갑작스럽다는 느낌도 주었다. 이 작 품은 결국 끝마무리가 핵심이며, 따라서 어떤 점에서는 앞의 모든 장면들이 그것을 위한 사전 토대와 동기 구축과정일 것인바, 좀 더 설득력 있도록 플롯을 가다듬었으면 한다. 또한 기본 세트의 색감이 어두운데다가, 특히 초반부에는 뒷막을 치고 부분 조명을 구사함으로써 답답한 느낌을 주었으며, 빈번히 구사된 붉은 색조의 조명은 눈을 상당히 피곤하게 만들었다. (작품 전반을 지배하는 이러한 붉은 색조에도 불구하고 막상 출정 장면에서는 흰 깃발이 등장하였다. 싸우러 나가면서 백기(?)라니...). 전국대회에서의 좋은 성과를 위해서는 어쩌면 시각적 효과 전반에 대한 전면적인 재검토가 필요할 듯하다. 음악은 전반적으로 압권이었다. 그러나 좀 더 애잔하고 정감어린 음악이 함께 어울리길 바란다면 지나친 욕심일까? 그러기 위해서는 물론 그러한 장면 자체가 설정되어야 하겠지만. 아무쪼록 좀 더 다듬어 전국대회에서 이 지역연극의 명예를 드높이기 바라마지 않는다.

연극제는 창작극회의 "꽃신"이 작품상을 차지하고 전국연극제의 전북대표로 선발됨으로써 막을 내렸다. 당연한 결과이긴 하지만, 전주시립극단의 공연이 본디 축하공연인 마당에, 나머지 두 극단이 애당초 본상의 경선을 포기함으로써 적잖이 빛이 바랜 느낌이다. 가능성이 별반 보이지 않을 경우 아예 참가를 않거나 비경선 참가를 내세우면 최소한의 명예는 지켜지는 것인지. 사실 그나마 참가라도 한 극단들의 성의는 그래도 평가받아야 하는 것인지도 모르겠다. 이러쿵저러쿵 다 얘기할 수도 없지만 이것이 갑작스런 풍토는 아니니까 말이다. 그럼에도 소집단 내에서의 입지에만 집착하는 소아병적 태도를 탈피하여, 지역연극의 발전이라는 명제를 그 무엇보다 우선하는 것이 결국은 '제 무덤 파는 자들의 똑똑한 동맹자' 노릇을 최소한은 피하는 일이 아닐까.

이번 연극제는 행사의 기획 및 진행에 있어서도 적잖은 문제점들을 노정했다고 보인다. "지역연극의 현실과 미래"라는 주제를 내세운 세미나도 실상 실속이 별로 없었던 데다 그나마 한명은 발표조차 못하고 말았다. 애초 예정된 시간이 짧기도 했지만 시상식에 얼굴을 내밀러 온 내빈들을 배려하는 것이 그렇게도 중요했던가. 전례 없이 특정 언론사를 주최자로 만들어 결과적으로 홍보에 결정적인 장애를 초래한 것은 또 어찌된 연유인가. 그러나 가장 큰 문제는 개인상 경선에 시립극단을 동등하게 포함시킴으로써 결과적으로 민간극단의 사기를 현저히 저하시켰다는 점이다. 이는 민간연극 발전이 기본 취지임에 틀림없는 연극제의 의의에 배치되는 것이 아닌가. 나중에 듣건대 방침을 결정하는 과정에서 의견수렴도 없었다지만, 확연히 예측 가능한 결과를 전혀 미리 고려하지 않고 있다가 막상 상황이 코앞에 닥쳐서야 안절부절 못하는 모습은 보기에도 안타까운 한편의 블랙-코미디였다. 아무쪼록 협회 당사자들이 걸머질 수밖에 없을 여러 문제점들을 철저히 검토하여 내년의 연극제가 보다 알찬 것이 될 수 있었으면 한다. 연극예술이 보편적으로 당면한 문제들과 지역연극의 더 큰 어려움들을 되새기며 연극인들의 철저한 자기성찰과 분발을 촉구하고 또 스스로 다짐하고 싶은 마음이다.

(문화저널: 문화시평, 1995년 8월호)

철조망 여는 '가난한 연극'의 희망적 비전:

극단 길라잡이의 "직녀에게"

설날, 뒷산에 올라가니 한켠에서 꼬마 녀석들이 연을 날리고 있다. 어린 시절, 드높이 날아오르는 연의 팽팽한 무게에 아찔하도록 황홀하던 추억이 새롭다. 그렇게 더 높이, 더 멀리까지 날리고 싶은 부푼 마음 없이 그 꼬마 녀석들 과연 추위를 이겨낼 수가 있을까. 그렇다. '연'은 소통에의 욕구이다. 우주 삼라만상, 하늘과 땅, 전에 살았고 지금도 살고 있으며 앞으로도 살게 될 세상 사람들과 나와의 소통. 어쩌면 마음의 글을 담고 흐르는 강물 어디론가 떠내려 보내는 종이배도 역시 그런 것이리라. 수신인이 정해져 있지 않은, 그래서 누구나 수신인이자 발신인도 될 수 있는 그런 통신수단... 인류는 이런 본연적인 욕구를 바탕으로 문명과 문화를 이루어냈을 것이다. 그러나 매스미디어의 시대를 지나 컴퓨터 통신과 인터넷이 일상적으로 인구에 회자되는 지금도 여전히 '소통에의 갈증'이 문제되는 것은 왜일까? 이런 의문은 정말 너무도 당연해 보이는 것을 자꾸만 물어보는, 그런 어린아이 같은 질문에 불과한 것일까?

감수해야 하는 '소통의 차단'

사실 우린 소식과 정보의 홍수 속에 살고 있다. 게다가 너무도 엄청난 사건들을 정신없이 겪어내다 보니 '불감증'이 극심해져서 이제는 웬만한 것쯤은 안중에도 없게 되었다. 그러나 아직 조금이라도 '감각'이 살아있는 눈과 귀라면 어쩔 수 없이 보고 들을 수밖에 없는 소식들도 있다. 작금의 북한 사정과 망명객들 이야기는 일부 선정적으로 부풀려지기도 하니 굳이 말할 게 못되겠지만, 설날을 전후해서 '고향에 가지 못하는 이산가족들'에 관한 소식은 매년 다시 되풀이 되고 있기에, 그리고 세계최장기수 김선명 씨의 우울한 설 쇠기에 관한 소식은 그저 신문지면 한 구석을 차지하고 있을 뿐이어서 스쳐 지나가버리기 딱 좋은 그런 소식들인 것이다. 그래도 아예 관심권을 벗어난 것들(이를테면 '국가보안법 위반 사범들'에 관한 것들)에 비하면 보도라도 되는 소식들은 그나마 다행일지도 모른다. 대체 언제까지 이들은 '소통의 차단'을 감수해야 하는 것일까. 필자에게 궁금한 것은 분단조국의 과거와 현재에 기인하는, 부단히 연이어지는 이러한 편치 못한 소식들에 대해 감각이 남아있다고 하는 자들도 과연 언제까지 '불감증'에 저항할 수 있겠는가 하는 것이다. '불감증'이란 한편으로 우리들 각자가 손쉽게 남들에게만 전가해버릴 수 있는 그런 속편한 것일지도 모른다.

통일을 위해 무엇을 준비하고 있는가?

분단과 통일 문제를 다룬 극단 '길라잡이'의 연극 "직녀에게"를 알게 된 것이 본디 우리나라의 통일문제에 대한 관심 그 자체에서 온 것은 아니었다. 필자가 독일의 재통일 이후의 삶이 최근 독일의 문학과 연극에 어떻게 투영되고 있는지에 관심을 갖다가 보니 부차적으로 주어지게 된 것이다. 문제가 많기도 하지만 관심을 끌었던 것은 특히 거의 일방적으로 서독에 병합되다시피 한 구 동독 주민들의 정서적, 심리적 박탈감과

정체성 상실이 의외로 그 상처의 골이 깊어서 아마도 거의 한 세기나 지나야 흔적이 지워질 거라고들 한다는 점이었다. 이제 막 관심을 갖기 시작한 필자로서 자세한 속사정은 아직 잘 알 수 없지만, 차차 좀 더 많은 것을 알게 될 것이고, 또 남의 집 안일이기도 하니 서두를 것도 초조해 할 것도 없다. 그러나 문득 우리 집안 사정을 돌아보니 오히려 궁금증이 싹튼 것이다. 그네들보다 더 어려움이 많을 것으로 생각되는 우리는 순탄한 통일과정을 위해 무엇을 준비하고 있는가. 아니 '분단과 통일' 자체에 대한 문제의식이 과연 아직도 절절하기나 한 것인가. 우리의 문학과 연극은 또 어떻게 이러한 문제들을 형상화하고 있는가. 몇몇 작품이 떠오르기는 했다. "광장"과 "통일밥", 그리고 연우소극장에서 가슴이 찡해질 정도로 감동했던 "한씨연대기"에 이르기까지... 그러나 물론 내가 가진 지식의 한계가 있을 것이다. 그래서 작년 12월, 그해에 전국연극제에 출품한 창작극회의 "꽃신"이 일종의 통일을 주제로 한 연극이라는데 생각이 미쳐서 "꽃신"의 작가이자 국문학 연구자이기도 한 곽병창 선생에게 우리 사정을 물어 보았더니 "직녀에게"라는 작품이 지금 서울에서 공연되고 있을 거라고 알려준 것이다.

'진심'으로 바뀐 '외교적인 인사'

연극잡지를 통해 그 사실을 확인하고, '문화저널'의 도움으로 극단 관계자들과 미리 연락을 취한 뒤 12월 15일 연극을 보러 서울로 향했다. 충분히 여유를 갖고 출발한다고 했는데도 고속버스는 복잡한 서울 시내를 제시간에 헤쳐 나가지 못했고,

헐레벌떡 극장에 도착했을 때는 이미 공연이 시작된 지 30분 후. 공연을 본다는 것은 무의미해져버렸다. 대신 연출자인 임진택 선생과 극단대표 양정순 씨와 차 마시며 이야기 나눈 것이 행운이라면 행운이랄까.

'가난한 연극' 한편을 만들었는데도 재정상 어려움이 많다 했다. 그럴 것이다. 어디건 한결같겠지만, 돈이 넘쳐나는, 어느 것에나 돈이 너무 많이 드는 서울 땅에서 연극 한편 올리기 어디 말처럼 쉽겠는가. 더구나 나 같은 사람까지도 이렇게 저렇게 공짜손님으로 극장을 들락거리니 말이다. 그때 지방 순회공연 계획 이야기가 나왔던 듯싶다. 나로서는 외교적(?)으로라도 덧붙일 수밖에 없었다. 좋은 연극을 전주에서도 볼 수 있다면 전주의 연극 관객들에게 얼마나 좋은 일이겠냐고. 그러나 이런 외교적(?) 언사는 막상 다음날 공연을 보고나서는 마음 깊은 곳에서 우러나오는 진심으로 바뀌고 말았다.

막다른 지경에 이른 분단의 질곡

작년 12월 16일 토요일 오후 3시 공연. 대학로 '오늘소극장' 내부, 객석과 무대는 그리 넓지 않았고, 어쩌면 좁은 느낌마저 주었지만, 작품 자체의 폭과 넓이와 무게는 넓고 무거웠다. 전쟁 중 음악가인 아버지 품에 안겨 남하하던 쌍둥이 자매는 불의의 사고로 각자 남북으로 헤어져 양부모 밑에서 성장하게 된다. 이름 하여 현(絃)과 율(律). 갈라져서 살 수 없는 운명임을 이름이 대변해준다. 그들을 키우면서 양부모들은 피할 수 있었던 고통마저도 떠안는 셈이지만, 음악가인 친아버지의 피를 받아서일까, 변전하는 삶의 우여곡절에도 그들은 각자 유능한 음악가로 커나간다. 자신들의 과거내력을 알게 되고 또 서로의 소식을 듣게 된 그들은 '타는 목마름으로' 만나보고자 애를 쓰지만 결국 그 만남은 이런저런 이유로 성사되지 않고, 안타까움과 아쉬움과 야속함만 깊어질 뿐이다. 각자가 나눠가진 아버지의 악보와 바이올린이 함께 어우러져 통일의 노래를 연주할 수 있기 위해서는 얼마나 더한 세월을 기다려야 할 것인가. 분단의 질곡은 이제 거의 막다른 지경인데, '연극'이 할 수 있는 것은 무엇일까. 울려 퍼지는 노래 "직녀에게", 그리고 철조망을 여는 연극적 비전... 그래, 그이상은 다른 곳에서 해야 하고, 또 그럴 수 있을 거야.

분단된 조국은 서로 진지하게 만나지 못 한다

연극적 표현양식을 돌이켜볼 때 "직녀에게"는 연출가가 말하듯 '가난한 연극' 냄새가 물씬 풍기는 일종의 '서사극' 적 양식의 작품이다. 간명한 장치와 조명효과 및 기능적인 대, 소도구 등을 이용한 장면처리와 연기술도 그렇고, 극의 전반적인 구조도 서사극적이고 개방적이다. 연출자는 '마당극' 운동을 돌이켜보며, 변화된 문화지형에 대한 적극적인 대응방식의 하나로서 이러한 서사극 양식의 차용을 말하고 있지만, 필자가 보기에 물론 전형적인 브레히트식 서사극은 아니다. 오히려 작품이 정서적 호소력을 전혀 배제하지 않으며, 어떤 점에선 의도적으로 시도하고 있다는 점에서 볼 때, 서사극 양식의 우리식 활용이라거나, 혹은 마당극과 서사극의 (변증법적) 결합이라고까지 할 수 있을 지도 모른다.

공연이 끝난 후, 극단 측과 몇 가지 이야기를 나누어 보았다. 공연은 실화를 토대로 한 장편소설 "노래"(유화량 작)를 각색한 것이라 한다. 그리고 실제로는 자매의 만남이 한차례 이루어지며, 소설 작품에서도 그렇게 처리되었다 한다. 연극 공연이 그 점을 반영하지 않은 이유는 사실 명백하다. 연극 속에서 두 자매는 더 이상 개인적 차원이 아니라, 상징적으로 분단된 조국을 대리하고 있는 것이다. 그리고 아직 분단된, 통일되지 못한 조국은 서로 진지하게 만나지 못한 채 해결되지 못한 연극 속의 문제점들을 고스란히 그대로 내보이고 있는 것이다. 소설의 작가 말이 맞을 것이다. "만남과 헤어짐이 개인적인 문제로 환원되는 세상으로 바뀌면" 연극도 달라져야 할 것이다. 그리고 "통일의 물꼬도 보이지 않는데" "통일이 되면 골치 아플 일이 더 많을 거라고" "엄살을 피우는 사람들", 그들은 아마도 함께 살면 골치 아플 일이 많을 거라면서 죽도록 사랑하는 연인과의 결혼을 애써 회피하는 사람처럼 바보 같을 것이다.

'직녀'를 향해 띄워 올린 잘 만들어진 연

'분단'이 초래하는 이러한 문제들을 떠올리며 이 지점에서 필자는 약간 초조해진다. 너무 늦으면 안 되는 것 아닌가. 너무 달라져 버리면, 생각과 살아가는 방식이 다를 뿐 아니라 쓰는 말까지도 달라져 버리면 다시 합쳐 살기가 너무 어렵지 않겠는가. 이 정도까지 생각하니 아득해진다. 지금 시대는 사주궁합에 따라 얼굴도 모르고 대화도 나눠본 적 없는 천생배필을 따라가는 그런 시대가 아니니까 말이다.

요즘 민족극 계열 작품들에 관객이 든다고는 하지만 젊은 층이 대다수인 관객들 틈에 이산가족인 듯 보이는 노인네들이 말없이 관람하고 돌아간다는 이야기를 듣고는 마음이 편치 않았다. 연극도 소통의 욕구이다. 연극을 한다는 것은 '연'을 띄워 올리는 것과 같으리라. '직녀'를 향하여 띄워 올린, 검소하지만 수공작업으로 정성을 들여서 보기 드물게 잘 만들어진 '연', 작품 "직녀에게"가 하늘 높이 오래도록 떠올라 많은 사람들의 '불감증'을 깨뜨리고, 우리 서로 서로 소식을 주고받을 수 있는 마음의 매체가 되어주길 바라는 마음이다.

(문화저널, 1996년 3월호)

이 어려운 시절에 당연히 연극도 위기라고들 한다. 새삼스러울 것도 없다. 경제사정이 급전하기 전부터 그렇게들 말해왔으니까. 그럼 더 어려워졌다고 하면 간단할까? 글쎄, 그게 그렇게 단순하지는 않은 것 같은데… 위기는 기회라고도 하니까…

좌우간 그 거품의 시대에도 연극하는 이들은 작품 한편 무대 올리기 버거워했고, 관객들은 다른 일들에 바빠 극장 드나들 짬 내기가 쉽지 않았는데. 이런 시대에 연극을 만들고 또 보러 다닌다니 대체 웬 소리야 하는 사람들도 있을 성 싶다.

이런 처지에선 어떤 연극을 하고, 보러 다녀야 나 자신에게도 남들에게도 덜 부끄러울까? 아니 떳떳할 수 있을까? 나아가 건방이라도 떨 수 있을까?

소극장 연극제 참가작으로 요즈음 창작소극장에서 공연되고 있는 창장극회의 "그 여자의 소설"은 물론 소설이 아니라 연극이다. (제목이 왜 그렇게 붙었을까? 고도의 홍보전략?)

한 여인의 질곡의 인생역정이 연극의 내용이다. 독립군이 된 남편 대신 시댁을 먹여 살리기 위해 부잣집 씨받이로 들어갔다가 작은댁으로 억눌려 살면서 갖은 수모를 겪을 수밖에 없었던 여인. 그러나 말년에 이르러 암울한 그녀의 인생에 대반전이 일어난다. 중풍으로 앓아누운 폭군 남편을 마침내 제압하고 또 용서하고 포용하는 마지막 장면은 결국 그녀의 이 조용한 혁명이 오래전부터 준비되어온 것임을 말해주고 있음에 다름 아니다.

이 지점에서 그 어떤 정치적인 알레고리까지 읽어낼 순 없겠지만, 제압당한 폭군을 등에 업고서 하는 그녀의 마지막 대사가 없었다고 한다면 이 작품은 그저 한편의 '한풀이'-에피소드에 불과할 것이다.

아마도 극단에서 이 작품을 말하며 - 굳이 유쾌하지 않게 받아들여질 수도 있을 수식어를 달고서 - "한국적" 페미니즘을 내세우는 것도 이런 때문이 아닐까. (물론 몇 가지 점에서 원작 자체에 전혀 흠이 없는 것도 아니지만 이에 대한 토론은 아마도 문학비평의 영역에 합당할 듯싶다.)

과욕부리지 않은 연출의 절제력과 노련한 배우들의 연기력 조화가 이 작품 공연의 최대 미덕이다. 오랜만에 소극장 무대에 선 배우 전춘근과 오진욱의 빛나는 조연 연기를 감상할 수 있다는 것도 행운이라면 행운이다.

어쩌면 한편의 연극에서 오락성과 교훈성을 동시에 추구한다는 것이 불가능한 것처럼 말하는 이들에게 이 공연은 뭔가를 시위해보이고 싶었을지도 모른다. 즐기면서 배우고, 배우면서 즐기는 것이 왜 안 되겠느냐고 말이다. 아이들은 놀면서(유희하면서) 배운다. 연극도 본디 유희가 아니더냐. 그러나 아직은 초반인 만큼 아쉬운 점도 없지 않다.

언어구사의 통일성 문제, 신인배우들과 숙련된 배우들의 조화문제, 연기의 내면화, 재고되어야 할 음향과 조명 플랜 등의 과제가 언뜻 눈에 띤다. 소극장 연극의 장점을 충분히 체득하고 있을 뿐 아니라 최소한의 여건도 갖추고 있는 극단인 만큼,

갈수록 농익는 공연으로 거듭 태어나길 기대하고 또 요구해도 좋으리라.

막을 내리기 전에 다시 한 번 찾아가고 싶은 공연을 만난 것도 참 오랜 만이다.

(전북일보: 문화시평, 1998년 2월 13일)

연극읽기:
"그 자매에게 무슨 일이 일어났나"

잊혀진 배우가 되어 할리우드의 저택에 칩거해 있는 자매 두 사람. 한창 정상을 향해 달리던 때 사고로 하반신이 마비되어 살아온 언니. 역시 날리던 아역배우 출신이었으나 언니의 사고가 자신 때문이라는 죄책감에 배우의 길을 포기하고서 언니를 돌보면서 살아온 동생. 자매는 애초부터 서로에 대한 질시와 애증으로부터 결코 자유롭지 못했다. 어린 시절 이미 대중의 인기를 한 몸에 받은 동생, 그리고 아버지의 편애를 언니는 시샘했었고, 뒤늦게 동생이 벌어온 돈으로 공부하여 배우생활을 시작했으나 월등하게 탄탄대로를 밟는 언니의 성공을 동생은 못 견뎌 했었다.

연극은 갑작스레 리바이벌 붐을 타고 텔레비전에서 언니 블랜취의 전성기 영화들이 상영되고 그녀에게 올드팬들의 관심이 다시 쏟아지기 시작하는 시점에서 시작한다. 외로운 처지에서 의지하며 사는 듯 했던 두 사람 사이에 돌연 다시 시작되는 투쟁. 연극 초반부터 외견상으로는 힘의 균형이 이미 무너진 싸움이다. 동생 제인은 자기도 어린 시절 인기를 모았던 뮤지컬을 리바이벌 하겠다며 일을 벌이고, 이를 말리는 불구의 언니를 감금해버린다. 마침내 언니를 구하려던 간병인이 동생에 의해 살해되고… 결국 자신의 마지막 꿈이 수포로 돌아가고 말았음을 깨달은 동생 제인은 완전히 실성을 한 모습으로 집밖으로 경찰을 향해 걸어 나간다.

그러나 이 작품의 묘미는 바로 이 지점에서 구사되는 반전의 미학에 있다. 관객들이 동생의 횡포에서 벗어나게 된 언니의 안전을 다행스럽게 생각할 만도 한데, 옛날의 자동차 사고는 동생 탓이 아니라 사실은 동생을 해치려던 자신이 자초한 것이었다는 언니의 회한의 고백이 이어지는 것이다. 서로간의 기나긴 질시의 최종적 결과로서 자매에게는 '안전함' 만이 아니라, 참을 수 없는 존재의 '쓸쓸함' 도 함께 주어진 것이다.

배우들의 연기 앙상블도 그렇고 제반 무대요소들의 조화도 그렇고 모처럼 수준 있는 연극을 감상하는 재미를 준 공연이다. (그러나 작품규모에 비해 아무래도 극장이 좀 컸던 게 아닌가?) 상호간의 선의의 경쟁은 양자 모두의 발전의 동력일 수 있고, 따라서 좋은 맞수는 적이 아니라 친구일 수 있다는 지극히 당연하지만 또 쉽게들 망각하는 진리. 이 공연이 손숙과 윤소정이라는 뛰어난 두 동갑내기 여배우가 연기 경쟁을 통해 실증해 보여주고 싶었던 것이 이것인지도 모르겠다. 그러나 그래서일까. 생각은 꼬리를 물고 이어진다. 그렇다면 국가, 인종, 지역, 계층, 세대 간의 공존원리는? 우리 문화와 외국문화는? 중앙연극과 지역연극이 함께 발전할 수 있는 길은? 자매간의 질시와 공멸이라는 언뜻 진부해 보일 수도 잇는 이 작품의 표면적 소재의 배면에 자리하고 있는 것이 혹 정글법칙이 지배하는 60년대 자본주의 미국의 성공지상주의와 매카시즘의 여운은 혹 아닐까? 화려한 초청공연에 모여드는 관객들이 가난한 지역무대로도 걸음을 옮겨주면 좋겠다.

(전북일보: 문화시평, 1998년 3월 20일)

고답적 이야기와 교육적 효과의 한계:
"장화홍련전"과 '어린이연극'에 관한 단상

계절의 여왕이라는 5월은 그 아름다움으로 인하여 그 옛날 독일의 젊은 시인 하이네의 가슴 속에 꽃피듯 사랑이 싹트도록, 새처럼 갈망을 호소하도록 만들었던 계절이다. 그런데 이 5월은 우리에겐 이른바 '가정의 달'이기도 하다. 아무리 마음이 설레어도 너무 밖으로만 나돌지 말고 보금자리의 소중함도 더불어 살피라는 뜻이 숨어 있음직한데, 그 중에서도 '어린이날'에서 '어버이날'로 이어지는 기간은 모두에게 조금씩은 부담스러운 시간일 수밖에 없을 듯싶다. 아무리 평소에 소홀함이 없었다 해도 자칫 이때를 무심히 흘려보내기라도 한다면 만고의 역적(?) 누명을 벗기 어려워질 테니 말이다. 좌우간 이런 처지에서 뭔가 그럴싸한 건수가 없을까 이리저리 눈을 돌려대기 마련인 우리 같은 사람들에게 5월 6일에서 9일까지 전북도립국악원 3층 공연장에서 공연된 '어린이를 위한 창극', "장화홍련전"은 더 바랄게 없는 기회였는지도 모르겠다.

7일 낮 공연을 보았다. (정말 불행히도 나는 가정에 봉사할 수 있는 절호의 기회를 제대로 붙들지를 못했다.) 처음 가보는 공연장이어서 그랬을까 주변 분위기가 주는 첫 느낌도 신선했지만 공연 중에도 몹시 공을 들인 작품이라는 느낌을 내내 받았다. 시설 좋은 대극장 무대에 비하면 열악한 조건임이 분명함에도 무대미술이나 조명, 의상 등 제반 효과에도 소홀한 구석이 느껴지지 않았고, 연희자들의 소리와 연기에도 정성이 깃

들어 있어 어떤 면에서는 대극장 공연과는 다른 특별한 인상을
풍기기도 하였다. 아쉬운 것이라면 내가 관람한 공연에는 관객
이 그리 많지 않았다는 것인데, 낮 시간이어서 그렇기도 했을
테지만, 실상 전체 관객의 숫자랄지 반응 등을 나중에라도 조
사해보지 못한 게으른 평자가 이점에 대해 이러쿵저러쿵 할 수
도 없을 터.

　공연의 흐름이 약간은 느슨해지는 경우가 있었고, 연희자들
의 소리와 연기력에서도 약간의 편차가 느껴지기도 했지만 공
연 자체에서 흠잡을 수 있는 건 별로 없다. 게다가 본디 우리
소리에 무지하고 감각도 부족한 내가 기본적으로 '창극'인 공
연자체를 평가한다는 것은 무리이기도 할 것이다. (고백하건대
내가 끝까지 관람한 창극은 이번 작품이 처음이다.) 그럼에도
이번 공연이 극본(드라마)에 관련된 것으로 나에게 얘기할 수
있는 것을 남겨주지 않았더라면 아마도 이 글을 쓴다는 일도
전연 불가능했을지 모르겠다. 논의의 실마리는 어쨌든 이 작품
이 '창극'인 동시에 '어린이극'으로 기획되었다는데서 풀어낼
수 있을 것이다.

　주지하다시피 "장화홍련전"은 우리의 고대소설 중 대표적인
가정소설로서 줄거리 설명이 따로 필요치 않을 정도로 우리에
게 잘 알려져 있다. 고전문학의 핵심적 주제인 권선징악은 지
금 세상에서도 여전히 유효해야 할 것이고, 가정의 화목이 만
사의 근본토대라는 점도 역시 이론의 여지가 있을 수 없다. 따
라서 문제는 이 작품의 주제 그 자체가 아니라 주제를 드러내
고자 하는 이야기 구조에 있다. '지금, 여기'를 살아가는 우리

어린이들에게 이런 종류의 고답적인 이야기 구조는 어떤 교육적 효과를 줄 수 있을까? 어린이들이 던질지도 모를 질문들을 가정해본다. 계모는 왜 전처소생의 두 아이를 미워했지? 왜 아버지는 계모의 말만 믿고 딸들을 죽음으로 내몰았지? 혼령들은 왜 아버지가 아닌 고을 원님에게 억울함을 호소하고, 또 왜 그 원님만이 문제를 해결할 수 있었지? 아마도 답할 수 있는 게 있다면 그 시대는 유교적 삼강오륜이 지배적 가치이던 봉건적 가부장 사회였다는 것뿐일지도 모른다.

그런데 지금 세상은? 많이도 달라졌다는 걸 부인할 사람은 없겠지만 그 본질적 내용을 꿰뚫어 보고 있는 사람도 그리 흔치는 않은 듯싶다. 어쨌든, 시대가 달라지면 어린이들도 달리 가르쳐야 하지 않을까? 최근 독일에서의 '어린이연극'의 흐름을 참고로 해볼 수도 있을 것이다. 서울에서 김민기의 연출로 몇 년째 공연되고 있는 "지하철 1호선"의 원작 공연 극단으로 이름난 "그립스 테아터"를 비롯한 청소년 연극단체들이 추구하는 연극운동의 핵심은 어린이들을 하나의 인격체로 보고 그들의 문제를 그들의 시각에서 보려고 하는 데에 있다. 우리에게도 어린이들로 하여금 자신들의 문제를 스스로 의식하여 해결 방안을 모색하도록 자극하는 연극, 자신들이 처한 상황과 세계를 인식하게 해주고, 자의식과 비판능력, 창의력을 연극 행위를 통해 개발할 수 있게 해주는 그런 '어린이연극'이 필요하지 않을까? 생각하기 나름이겠지만, "장화홍련전"이라는 작품의 내용은, 비판적으로 접근하는 게 가능하기만 하다면, '뒤집어 보기'를 위한 무척이나 많은 교훈적인 얘기꺼리들을 담고 있지 않은가.

유구한 전통의 우리 소리의 맥을 이어가는 것이 미래의 주역인 우리 어린이들의 몫일 테니 '어린이날'에 즈음하여 도립국악원이 우리의 소리, 우리의 가락, 우리의 춤과 멋이 어우러지는 '어린이를 위한 창극'을 무대에 올린 것은 지극히 당연하게도 생각되지만, 어찌 보면 또 그리 손쉬운 발상도 아닐 테니 높이 평가 받아 마땅할 일이다. 무엇보다 이 지역의 연극 단체들이 어떤 역할을 담당하게 되든지 간에 장차 이 지역 연극의 주역으로 성장하게 될 우리의 어린이들을 위해 구색이라도 그럴싸하게 갖춘, 어린이를 위한 연극 작품 한편 제대로 무대에 올리지 못한 걸 보면 더욱이나 그렇다. 다만, '어린이날' 하루의 봉사로써 일 년 내내 소홀한 걸 면죄 받으려는 사람들도 있는 듯한데, 이번의 국악원 공연의 경우도 그렇게 되지는 않을까하는 걱정이 기우에 불과하면 좋겠다는 생각이다. 그런데 이점에 있어서는 나 스스로가 할 말이 없어진다. 여러 가지 사정으로 공연장에 데리고 가지 못한 딸아이들에게 그저 미안할 뿐.

(문화저널: 문화시평, 1998년 6월호)

호동왕자의 낙랑공주의 설화. 적국인 고구려의 왕자를 사랑하게 된 낙랑의 공주가 자명고를 찢어 왕자의 침략을 돕고 자신은 아버지인 낙랑 왕에게 죽음을 당했다고 하는 이야기. 고구려가 우리 조상의 나라이니 특별히 거부감을 느낄 이유도 없어야 할 터인데, 돌이켜보면 설화를 처음 접했던 어린 마음에도 뭔가 개운치 못한 구석이 남아 있었던 듯싶다. 대체 무엇 때문이었을까?

제14회 전북연극제 경선작으로 출품된 극단 황토의 "둥둥 낙랑 둥"의 희곡은 바로 이 설화에 대한 극작가 최인훈의 재해석 내지는 가공작업의 결과물이다. 낙랑공주는 사랑의 순교자인가, 아니면 정념에 불타 조국을 배신하는 반역자인가. 그리고 호동왕자는? 조국과 사랑 사이에서 뜻하지 않게 나락에 빠져버린 비극적 연인인가, 아니면 야망을 위해 사랑을 이용한 냉혈한일까.

한편에서 볼 때 '왕자의 귀신도 놀랄 슬기'가 반대편에서는 '독사의 피보다 더 독한 사랑의 고삐' 관계가 된다. 그것이 어쨌든 간에 역사가 결국 승자의 기록이라면 "싸워서 이기기 위해서 어떤 계책을 써도 상관없는 일"일지도 모르며, 호동의 행위 역시 정정당당한 것은 아니었을지언정 최소한 불가피한 것으로 간주될지도 모른다.

그러나 극작가가 볼 때는 낙랑공주가 북을 찢은 것도, 호동이 그걸 요구하는 것도 어느 한편이 아닌 '모두'의 평화를 위한 것이었다. 하여 인간의 가장 존귀한 가치가 사랑이라고 믿는 작가는 호동왕자로 하여금 '빚'을 갚기 위해, '진실보다 더 중한 사랑'을 위해서 비극적 운명, 죽음을 선택하도록 한다. 1978년에 쓰이고 1980년에 초연된 작품이니 지금과는 벌써 20년의 간격이 있다. 그럼에도 역시 그 간격을 충분히 메꾸어 주고도 남는 절절함이 느껴지는 것은 여전히 갈등과 대립, 분열을 지속하고 있는 우리 민족의 현실 때문일까, 아니면 그 보다도 더 원초적인 우리들 인간적 삶의 불가해함 때문일까.

지금 보기에 희곡의 미덕은 그 메시지보다도 오히려 침묵의 언어까지 포함하는 그 다양한 언어적 층위, 나아가서 시공을 초월하여 현실세계와 상상세계를 결합시키고, 전통적 소리 몸짓과 현대적 시청각 효과를 다채롭게 종합하는 연극적 기법에 있다.

이번 극단 황토의 공연 역시 희곡이 갖는 이러한 특성에 주목하려는 노력이 엿보인다. 연출가 역시 여백(공백)에 대해 말하고 있으며, 대사 및 행동의 강약과 완급조절에 유의하고자 하는 자세를 드러내주기도 한다. 그러나 때로는 거의 시극의 차원에 이르는 언어적 미학을 살리기에는 배우들의 대사 전달력과 내면화의 강도가 미약해 보인다. 그 결과 극의 내용적인 맥락을 파악키 어려운 곳이 심심치 않게 있었고, 조명을 비롯한 화려한 시청각적 효과도 따라서 내용과 잘 어우러졌는지 의심스럽기도 하였다.

미리 희곡을 읽지 않고 관람한 나에게는 전체적으로 꽤 난

해한 느낌을 주었는데 그것이 오로지 첫 공연이었기 때문이면 좋겠다. 공을 많이 들인 만큼 전국무대에 나가서도 좋은 성적을 거두길 바란다.

(전북일보: 문화시평, 1998년 7월 17일)

'고전'의 테러리즘을 벗고 '오늘'을 무대화하자:
전주시립극단의 "요지경 오페라"

　전주시립극단이 새로운 보금자리로 자리 잡은 덕진예술회관 공연장에서 8월 20일부터 22일까지 세 차례에 걸쳐 "요지경 오페라"를 무대에 올렸다. 이 작품은 상설공연의 형식으로 9월 10일과 11일에 같은 장소에서 다시 공연되었고, 9월 30일에는 경주에서 개최되는 '세계문화엑스포' 축하공연으로 현지에서 무대에 올리게 될 것이라 한다.

　"요지경 오페라"는 그 강렬한 사회비판적 공격성에도 불구하고 의외로(?) 노벨문학상을 수상하여 화제를 모았던 이탈리아의 극작가 다리오 포의 "냉소적 오페라"(1981년 초연)를 기본 텍스트로 삼은 공연이다. 다리오 포는 독일의 현대 극작가 베르톨트 브레히트의 "서푼짜리 오페라" 연출을 브레히트가 창단했던 극단 '베를리너 앙상블'로부터 의뢰받았을 때 대본상의 몇 가지 변화를 그 조건으로 내걸었던 바 있다. 1928년 베를린 공연의 대성공으로 브레히트의 이름을 일약 세계적 극작가의 반열에 올려놓았던 "서푼짜리 오페라" 역시도 그 당시로부터 꼭 200년 전 우여곡절 끝에 공연되어 큰 성공을 거둔 영국 극작가 존 게이의 "거지 오페라"를 개작한 것이었음에 비추어 볼 때 이는 그다지 불손한 태도였다고 할 수도 없을 것이었다. 다리오 포는 '고전의 테러리즘으로부터 벗어나자'는 자신의 명제의 논거로 다른 이도 아닌 바로 브레히트를 - 그는 셰익스피어의 작품들을 높이 평가하면서도 자신의 시대에 어울리는 개작

공연에서만 그 의미를 찾았다 - 내세웠던 셈이니까 말이다. 그러나 결국 브레히트 원작의 가치, 혹은 그의 명성이 훼손당할 것을 우려한 '베를리너 앙상블' 극단의 반대로 그의 연출 작업은 성사되지 못했다.

다리오 포는 브레히트의 본뜻을 제대로 이어받지 못하는(?) 브레히트의 직계 후손들에 의해 독일에서의 연출 작업이 좌절된 후 자기 조국의 무대에 올리기 위해 작품을 "냉소적 오페라"라는 이름으로 고쳐 썼는데, 이 작업에서는 오히려 존 게이의 "거지 오페라"를 더 많이 참고했다고 한다. 그는 여러 희극적, 정치적 전통을 바탕으로 자신 고유의 익살과 시사적인 풍자를 엮어 넣으면서, 그 자신 브레히트도 살아있다면 자기와 똑같이 그러했으리라고 확언했듯이, 자신이 살고 있는 시대의 변화된 세상사를 작품에 반영시키는데 주력했다. 따라서 그는 작품 속에서 근본적으로는 두 선배, 존 게이와 브레히트처럼 정치와 사업과 범죄를 같은 맥락에서 파악하면서, 정치가와 사업가와 범죄자의 특질이 같을 수밖에 없는 현실을 다루고 있지만 마약, 섹스, 폭력 문제가 훨씬 더 적나라하고, 선정적 대중매체의 문제와 더불어 시사적인 정치 풍자도 매우 노골적이다. 무엇보다 이전 두 작품들과 뚜렷이 구분되는 것이 있다면 현대적 삶에 끼치는 공업기술과 산업의 영향력이다. 이른바 "생산은 사랑이고 이익은 생명인 새로운 종교의 교회로서의 공장". 그런데 그 비판적 익살과 풍자가 거의 모독으로까지 고양되는 반면 자본주의의 승리는 너무도 견고하여 남는 것은 그저 '냉소' 뿐이라고나 할까.

　시립극단의 이번 "요지경 오페라" 공연은 여러 점을 고려할 때 연극 자체만으로는 거의 흠잡을 데 없다. 무엇보다 주역, 조역, 단역에 관계없이 전체적으로 일정한 수준에 달한 배우들이 만들어내는 앙상블이 돋보였으며, 무대와 연출 역량도 이에 걸맞게 안정감 있게 어우러져 우리 관객들에겐 아직 익숙하지 않은 2시간 30분의 공연이 별로 지루하지 않았다. 일부 관객들을 우려하게 만들 정도로 과감했던 무대의상이나 선정적 대사와 제스처도 작품의 본질과 현 시대의 실제적 조건들을 고려해본 다면 문제가 된다기보다는 오히려 관극의 즐거움을 돋구어주는 불가결한 요소라고 평가해야 할 듯싶다. 다만 아쉬운 것이 있다면 뮤지컬 연극의 중요한 축인 노래와 음악이 작품의 비판적, 풍자적 성격과 썩 잘 어울리는 느낌을 주지는 않았다는 것이다.

　그러나 공연의 사회성에 비춰보면 문제가 그리 단순치 않아 보인다. "거지 오페라"와 "서푼짜리 오페라"이든, "냉소적 오페라"이든 항시 작품 속에 자리했던 '그 시대와 장소'가 이번 "요지경 오페라"에도 있었던가. 앞선 작품들의 제목은 각기 그 시대적 사회적 성격을 압축적으로 드러내준다. 그렇다면 "요지경"은? 무릎을 칠만한 이름에 걸맞은 '지금 이곳'은 하지만 아쉽게도 그 모습이 뚜렷하지 않다. 다른 이도 아닌 브레히트와 다리오 포를 논거로 '우리의 이야기'를 좀 더 많이 할 수도 있었을 텐데 말이다. 다리오 포의 작품을 과감하게 우리의 현실에 맞게 개작하여 무대화시키지 못한 연유가 시간적 촉박함 때문인지, 극작역량의 부족 때문인지, 아니면 우리의 현실에 대한 조심스러운 태도 때문인지, 그것도 아니면 시의 후원을 받고 있는 처지이기 때문인지는 판단키 어렵다. 다만 그것이 '고전의 테러리즘', 즉 희곡의 고전적 위치와 그에 대한 지나친 공경심이 종종 이들 작품을 무대화시키는데 방해요소로 작용한다고 하는 그것에 굴복한 결과는 아니라고 믿고 싶을 뿐이다.

　내가 공연을 보았던 것은 8월 20일, 그러니까 첫날 공연이었고 기회가 되면 한번쯤 다시 보고 싶기도 하였으나 아직 그러지를 못했다. 당시 공연장에서 받은 느낌은 무엇보다 상설공연장이 확보되고 다른 여건들도 전에 비해 나아지고 있는 만큼 다른 시립예술단체들과 마찬가지로 시립극단의 책임도 더 막중해졌다는 것이다. 우선은 무대에 올린 작품들 가운데 좋은 것들을 선별하여 레퍼토리로 확보해나가는 작업이 필요할 것이다. "요지경 오페라"도 더 갈고 다듬어지는 가운데 시립극단의 고정 레퍼토리의 하나로 오랜 기간 파장을 넓혀나가 나에게도 다시 한 번 관람할 기회가 주어질 수 있다면 좋겠다.

(문화저널: 문화시평, 1998년 10월호)

연극읽기:
극단 명태의 "섹스 소나타"

지난 8일과 9일, 전북대 합동강당에서는 여학생회가 주최하는 제2회 「여성 문화의 날」행사의 일환으로 극단 명태의 <섹스 소나타>가 무대에 올려졌다. 이 작품은 지난 6, 7월 거행된 제14회 전북연극제에 - 극단이 이른바 신생극단이기 때문에 - 비경선작으로 출품됐던 작품이기도 하다. 그러나 신생극단이라고는 하지만 이번 작품의 현실적 문제의식과 공동창작이라는 작업방식을 놓고 볼 때 그 패기와 의욕은, 최소한 그 이미지만이라도, 그리 만만해 보이는 것은 아니다.

작품은 시대를 넘나드는 독립된 3개의 이야기가 옴니버스 형태로 묶여있다. 1장은 을사사화에 말려들어 역적으로 죽음을 당한 유관의 딸 '가비'의 이야기. 원수 정순붕의 집에 종으로 끌려간 그녀는 육체적 매력을 이용하여 원수에게 접근하고 결국 그를 죽인다. 말하자면 「성의 무기화」. 2장은 남편과의 불평등한 성생활에서 성적 소외감을 해소시킬 수 없었던 주부 「제리」의 이야기. 마음만 먹으면 손에 넣을 수 있는 성 상품들을 병적으로 쫓던 그녀는 결국 「묻지마」관광을 위해 집을 나선다. 이른바 「성의 상품화」. 3장은 사진선생님께 성폭행을 당한 여고생 「진이」의 이야기. 세속적 출세를 위해 사건을 얼버무려버린 부모와 계속되는 사진작가의 성폭행에 절망한 그 아이는 결국 파출소를 찾아 울부짖다가 정신병동에 수용되고 마침내는 자살하고 만다. 이름 하여 「소리 없는 성의 외침(성의 현실)」.

공연양식을 보면 나열식 드라마 구조가 줄 수 있는 단조로움을 피하기 위한 노력의 정도를 느낄 수 있다. 장면 전환 때마다 활용된 무용도 나름대로 의미를 찾을 수 있겠지만 특히 2장에서 투사된 이승희의 한국방문 비디오는 공연의 효과를 상당 정도 배가시킨 것으로 보인다.

2장이 일인극의 형식으로 구성되어 있고 등장인물의 섬세한 심리표출이 필요한 만큼 신인배우의 연기력을 보완해준다는 측면에서도 기능적이었고, 무엇보다 주인공이 서있는 (「성」과 관련된) 현실적 토대를 자연스럽게 지각할 수 있게 해준다는 점에서 「크로스 오버」라는 슬로건이 공허한 것만은 아니라는 점을 실감하게 해주었다. 배우들의 연기도, 역량의 편차가 느껴지긴 했지만, 신인들이 풍기는 풋풋함에서 발전의 가능성을 엿볼 수 있었다.

그러나 아쉬움이 없지는 않다. 「성」을 논의의 소재로 삼아보자는 취지의 과감성이나 『정의를 제시하지는 않겠다』는 태도에 문제가 있을 순 없다. 하지만 제시된 이야기들 자체가 이미 너무나 일상화된 것이기에 신선한 느낌으로 다가오지 않았다고 한다면 지나칠까? 결국 궁극적인 문제는 내용인데 말이다.

어쨌든 지난 연극제의 공연을 못 보았던 나로서 요즘 보기 드물게 젊은 관객들로 가득한 공연장에서의 이번 관극은 각별한 느낌으로 다가왔다. 그들이 농담처럼 주고받듯이 그저 제목이 주는 선정성(?) 때문에 몰려든 것은 물론 아니리라. 그러한 호기심을 채우기 위해서라면 연극 공연장 보다 더 나은 곳이 지천으로 널려 있는 현실이니까. 그렇다면 그들이 기대한 것은 무엇일까? 극단 명태가 그러한 젊은 관객들의 기대에 부응할 수 있는 튼실한 극단으로 성장해나가길 바란다.

(전북일보: 문화시평, 1998년 10월 12일)

연극읽기:
전주시립극단의 "네 여인의 이야기"

지금 창작소극장에서는 지난 10월말 막을 올린 제6회 전북 소극장연극제가 한창 진행 중이다. 이른바 IMF 경제 한파의 문화적 감염(?)에 맞서 의연히 투쟁하는 연극인들의 정열에 비추어 볼 때 일상의 굴레를 핑계로 작품관람의 기회를 흘려보내 기도 하는 내 자신의 게으름은 그저 유구무언일 뿐이다. 지난 10일, 세 번째 작품인 전주시립극단의 "네 여인의 이야기"의 마지막 공연을 보았다.

최근 이혼을 한 주부 「두자」가 찾아온 친구 「피쉬」의 아파트 에는 이미 두 여자가 함께 기거하고 있었다. 여러 번의 낙태 경험과 원치 않는 임신으로 고통을 받고 있는 「바이올릿」, 낮에는 물리치료사, 밤에는 고급매춘부로 일하며 돈이 모이면 대학공부를 할 계획을 갖고 있는 「스타스」. 집주인 피쉬는 중상류층 출신으로 여성의 사회 정치적 참여를 위한 정치그룹에서 일하고 있다. 사회적 약자라는 데서 같은 처지인 세 여자와 함께 거주하는 피쉬의 결단의 토대는 당연히 그 정치적 신조에서 오는 연대의식이다. 그녀는 애정관계에서도 오랜 동료이자 연인인 「알란」과 결혼에 얽매이지 않는, 서로 평등한 생활을 유지해 왔다.

셋은 각기 현실과의 극심한 불화를 넘어설 수 있는 계기를 맞이한다. 자녀양육권 문제로 신경안정제에 의지할 지경이었던 두자는 결국 아이들을 되찾을 수 있게 되며, 바이올릿은 육체적 정신적으로 안정을 얻고 임시직이나마 일자리를 얻게 된다.

스타스도 비록 매춘을 했던 자신의 과거에 대한 불안감을 완전히 떨쳐내지 못했을망정 결국 꿈에 그리던 신분상승의 입구에 서게 된다. 그러나 문제는 이들을 돌보던 피쉬다.

안락한 가정을 꿈꾸며 다른 여자와 결혼해버리는 남자친구 알란으로부터 결코 자유로워질 수 없었던 그녀는 자살로 생을 마감한다. 그녀에게도 아이를 원하는 원초적(?) 욕망이 있었기 때문일까? 어쨌든 여성의 사회 정치적 자유와 평등을 추구하던 피쉬는 결혼이라는 제도의 암초에 걸려 좌초하고 마는 셈이다.

페미니즘의 색채가 농후한 이 작품의 극적대립의 중심축은 그러므로 피쉬와 - 무대에 등장하지 않는 - 알란의 이야기다. 결국 희생자는 여성이라는 표피적 귀결을 넘어 이들의 관계에서는 사회적 자아와 본능적 현실적 욕구사이의 해소되지 않는 알력을 추론해 낼 수 있다. 어쩌면 피쉬가 남자를 잘못 선택한 것인지도 모르고, 혹은 신분과 지성을 매개로 한 자신의 활동과정에서 부지불식간에 어떤 허위의식에 빠졌을 수도 있겠지만, 어쨌든 이념과 실제, 혹은 이상과 삶 사이의 간극이 생각처럼 그리 만만한 것은 아니라는 점을 작품은 말해준다.

역량 있는 네 명의 여배우가 연기경연을 벌였다 할 이번 공연은 시종 관극의 재미를 맛볼 수 있게 해주었다. 작품이 여러모로 소극장연극세에 어울린다는 느낌도 좋았고, 다만 아쉬운 것이라면 그럼에도 불구하고 일종의 심리적 거리감은 어찌할 수 없었다는 것. 아무리해도 맡아질 수밖에 없는 버터냄새 때문이었을까? 아니면 공연장이 아직 인생경험이 일천한 젊은이들로만 가득해서였을까?　(전북일보: 문화시평, 1998년 11월 18일)

연극읽기:
황토의 "강자"

11일 금요일 저녁 7시, 전주 창작소극장에서는 제6회 전북 소극장연극제의 대미를 장식하는 공연인 극단 황토의 <강자> 가 막을 올렸다.

「일인독백극」의 형식에다 공연시간도 그리 길지 않다는 소식에 어쩌면 소극장연극제의 취지에 매우 어울리는 작품을 만나게 될 지도 모른다는 기대감으로 극장을 찾았다.

무대는 단순하다. 객석에서 보아 전면 좌측에 탁자와 의자 몇 개, 전면 우측에 석고상, 중앙 후면에 크리스마스트리 장식이 있을 뿐 전체적으로 볼 때 별로 넓지 않은 소극장 무대임에도 여백이 눈에 띈다.

나중에 느끼게 되는 것이지만 사실 작품을 이해하는데 있어 무대장식 자체는 별 의미가 없다.

크리스마스이브에 한 여자가 카페에 들어와 코코아를 시킨다. X부인이다. 카페에는 먼저 와있는 여자가 있다.

그녀의 이름은 아멜리아. 말없이 앉아있는 그녀를 알아본 X부인은 아멜리아에게 대답 없는 질문과 설명, 자기 확신, 의심의 말들을 두서없이 해댄다.

이 일방적인 「말 걸기」를 통해서 X부인의 결혼생활, 그리고 남편인 봅과 아멜리아의 관계 등이 암시적으로 드러난다.

X부인은 자신의 결혼생활이 행복하다고 말하며, 기회를 못 가진 아멜리아를 걱정해 주기도 한다.

그러나 곧바로 어쩔 수 없는 질투심을 드러내며 분노를 터
뜨리기도 하는 등 홀로 고투를 벌인다.

결국 X부인은 그래도 결혼생활을 지키며 남편을 붙든 자신
이 진정 「강한 자」라고 말하곤 카페에서 나간다.

실제 공연에서 무대에 등장하는 것은 X부인 역할의 배우 이
현주뿐이다. 그래서인지 한편으로는 배우의 시선과 대사가 표
적을 잃은 듯 해보이기도 했다.

그러나 연출자의 말대로 아멜리아 역할의 배우가 꼭 무대에
등장해야할 이유는 없을지도 모른다. 그렇게 된다면 아마도
「현실」과 「허구」 사이를 줄다리기하는 원작의 무게는 자연스레
「허구」쪽으로 쏠리게 되겠지만 말이다.

이를테면 관객들의 상상은 「강한 자는 오히려 아멜리아 일
지도 모른다」나 「남편과 아멜리아는 사실은 아무 사이가 아닐
지 모른다」는 정도를 넘어 「무대에 등장해서 말하는 사람은 실
제로는 X부인이라는 가면을 쓴 아멜리아일지 모른다」는 데까
지 닿을 수도 있다.

원작자인 스트린드베리는 현대 표현주의 연극의 선구로 평
가받는 자신의 극작품 <꿈의 연극>(1902)의 서문에서 「시간
과 공간의 부재」, 「꿈의 형식」에 대해 쓴 적이 있다.

중요한 것은 「무의미한 현실을 배경으로 추억과 경험, 속박
없는 환상, 부조리와 즉흥의 혼합물을 설계하고 수놓는 상상
력」과 「감출 것도 없고 불합리나 억제와 법칙도 없는, 꿈꾸는
자의 의식」이라는 것이다.

매우 짧은 공연시간이 이상한 여운을 남기는 황토의 <강자

>공연에서도 스트린드베리 작품의 이러한 매력을 맛볼 수 있었을지? 무대와 객석을 혼자서 감당할 수밖에 없는 일인극은 배우에게는 매력이자 시련이며 도전이기도 하다.

그렇지만 그 도전을 넘어설 때 그 배우는 진정 강자로 자리매김할 수 있을 것이다.

배우 이현주에게서도 그것을 기대해본다.

(전북일보: 문화시평, 1998년 12월 14일)

창극사 100년의 새로운 이정표가 되길 바라며:
창극 "비가비 명창 권삼득"

사단법인 전주풍남제전위원회가 주최하고 전라북도립국악원 예술단이 주관한 제41회 전주 풍남제 기념 마당창극 "비가비 명창 권삼득" 공연이 6월 20일부터 22일까지 전주실내체육관 가설무대에서 올려졌다. 이번 공연은 기획 단계에서부터 그 과감함과 참신성으로 주목을 끌었으며, 실제 공연을 통해서도 공연양식상의 새로운 시도와 예술적 완성도를 비롯한 여러 측면에서 많은 화제를 불러 모았다.

먼저 이곳 출신으로 양반이라는 자신의 신분적 특권을 벗어던지고 스스로 핍박 받는 천민 광대의 길을 택한 '비가비(양반광대) 권삼득'의 일생을 소재로 한 작품을 구상한 것은 두 가지 점에서 높이 평가 받을 만하다. 첫째는 이 지역 예술인의 생애를 재조명해보려는 그러한 발상이 무엇보다 풍남제라는 지역 문화축제의 정체성 확보와 구체적인 지역성에 기반하는 예술을 추구하려는 도립국악원의 위상에 걸맞을 수 있다는 점이다. 둘째는 소리꾼으로서 자신의 인생의 의미를 찾고자 하는 권삼득에게 직접적인 장애요인으로 작용했던 반상의 차별 문제를 비롯한 당대의 사회적 모순의 극복을 주제로 삼는 작품은 그 자체로서 이 급격한 변혁의 시대에 어울리는 면모를 지닌다는 점이다.

권삼득은 1771년 완주군 용진면 양반가문에서 태어났으며, 본명은 권정이다. '삼득'이란 이름은 광대가 되기 위한 세 가지 소리(사람소리, 온갖 새와 짐승소리, 귀신소리)를 모두 득했다는 데에서 유래한다. 그는 12살부터 소리공부를 시작하여 19세기 전반 8명창 중에서도 으뜸명창으로 꼽혔다. 양반출신으로 광대노릇이 용납되지 않아 멍석말이 죽음은 간신히 모면하였으나 집안에서는 축출되고 말았다. 그는 홍보가가 장기로서 '더늠'으로 후세에 전하는 것은 '제비후리러 가는 대목'이며, 이로써 '설렁제'의 창시자가 되었고, 양반광대라는 이름의 '비가비'라는 칭호를 얻게 되었다. 그는 70세인 1841년 세상을 떠났다.

권삼득의 일생에 대해서는 이처럼 대략적인 사실 몇 가지만이 전해질 뿐 구체적인 자료가 별로 없기에 대본(원작)을 구성하면서 겪게 될 어려움은 이미 명약관화한 일이었을 것이다. '모두들 불가능하다 하지만 언젠가 누군가가 해야 될 일이기에 겁 없이 일을 저질렀노라'는 문치상 원장님의 글귀가 새삼스럽게 읽히지 않은 것도 그래서 일 것이고.

그러나 결국 예술작품이란 픽션으로 엮여 짜이게 마련이니 이 지점에서 중요한 것은 작가적 역량이며, 또한 대본 준비에 쏟는 기간과 정성이었으리라. 어쨌든 곽병창이라는 기량이 이미 검증된 지역 작가에게 집필을 의뢰한 사실 자체도 중요했지만 초고 집필과 수정, 보완 작업을 위한 충분한 시간적 여유를 제공하고, 또한 여러 관계자들이 함께 하는 토론회를 개최한 것도 국악원의 기획역량을 재평가할 수 있게 하는 계기가 되었다.

'소리꾼' 권삼득의 이야기를 재창출하면서 그의 '자유인'으로서의 면모를 부각시킬 것인지, 아니면 '선각자'로서의 모습을 강조할 것인지 하는 문제는 그리 간단치 않을 것이다. 물론 두 가지의 면모가 융합될 수도 있을 것이고. 공연장에서 이야 기 구조를 다시 살펴보니, 총연출자와의 공동 작업의 결과일지 도 모르나, 무엇보다 권삼득의 민중적 의식을 부각시키는 방향 으로 이야기 전개가 집중되었다. 문학성을 주된 잣대로 들이댄 다면 잃은 것도 없지 않겠으나 좌우간 '행사공연' 이라는 기본 성격에 들어맞는 결과라고 평가하고 싶다.

공연은 단적으로 말하면 완성도가 높은 성공작이라 할 수 있다. 무거움과 가벼움, 진지함과 해학이 적절하게 어우러지는 이야기 전개 방식, '비워둠' 과 '채움', 밝음과 어둠, 소리와 침 묵의 양 극단과 그 사이를 넘나드는 무대처리 방식, '언어와 행 위' 라는 연극적 요소와 '소리와 창' 이라는 음악적 요소가 결합 된 창극적 효과의 창출이 성공적 공연의 기본요인이다. 꽤 많 은 시간이 흐른 지금에도 머리에 떠오르는 8장 "새타령 - 득 음" 장면이 만들어낸 거의 환상적 무아경에 가까운 분위기는 그 백미라고 불러도 좋을 것이다. 다만 한 가지 아쉬운 점으로 생각되는 것은 소년 시절의 삼득의 역할을 굳이 여성 연희자가 맡아서 했어야 하는가 하는 점이다. 필자는 나이에 어울리는 남자 청소년 연희자가 담당하는 게 더 좋았으리라는 생각이다. (이러한 견해는 물론 그 여성 연희자의 기량부족을 탓하고자 하는 것은 아니다. 다만 '어딘지 어색하다' 는 개인적 느낌을 떨치기 어려웠던 탓이고, 이점에 대해서는 많은 견해 차이가 있을 수 있다는 점도 인정하겠다.)

총연출자의 목표 가운데 작품 속에서의 주요한 음악적 표현

수단으로서의 '설렁제 창법'의 활용이나, 이른바 '창극적 더늠'의 창출이 어느 정도까지 달성되었는지를 평가할 만한 전문적 식견이 필자에게는 없다. 전반적으로 이전에 감상한 어느 창극에 비해 소리와 음악이 좋은 느낌으로 다가왔다는 것 밖에는 말하기도 어렵다. 다만 새로운 공연형식으로 추구한 '마당창극'이라는 장르의 성공여부에 대해서는 유보적인 입장을 보이고 싶다.

'마당에서의 소리판'이 '극장에서의 창극'으로 발전하면서 소리판의 '열린 구조'가 '닫힌 구조'로 변화했으며, 연희자와 관객 간의 '열린 관계'가 '거리를 두는 관계'로 고착된 것은 사실이다. 그러나 필자의 생각으로는 마당판 작품과 극장용 작품의 차이가 단순히 그것이 어디서 공연되느냐 하는 점에만 달려 있지는 않은 듯하다. 보다 더 중요한 것은 '어떠한 내용의 작품인가'가 아닐까 한다. 단순하게 말한다면 마당에 더 어울리는 작품도 있고, 극장에 더 어울리는 작품도 있을 수 있다. "관중들이 지닌 신명이 자발적으로 드러나고 솟구치는 마당판의 특성"이 제대로 살아나려면 작품의 특성과 공연의 성격이 그에 걸 맞는 것이어야 하지 않을까. 이번 공연이 풍남제라는 축제의 일환으로 기획된 공연이라는 그 성격은 이점에서 그 절반만을 달성한 셈이다. '한 위대한 소리꾼의 생애'를 소재로 한 작품의 기본 특성은 공감대와 '감동'을 무한히 불러 일으켰으되, 아무래도 '자발적인 신명의 표출' 혹은 '참여'를 쉽지 않게 했다.

다른 측면에서 볼 때 극장의 발전은 시대발전과 기술발전에 따른 결과로 볼 수도 있고, 다변화된 인간관계 등 복잡한 사회적 맥락과 결부되어 있기도 하다. 또한 공연의 '환상적 감동'을 창출하는 시청각적 효과는 극장에서가 아니면 활용하기 어려운 것도 사실이다. 이번 '비가비 명창 권삼득' 공연이 완전한 야외무대가 아닌 체육관에서 이루어진 공연이라는 점도 이러한 딜레마의 결과일 수도 있을 것이다. 아무튼 이 작품이 '명창열전'의 첫 장을 여는 작품으로서, 오랫동안 되풀이 공연되는 고전적 작품으로 남아 우리 창극사 100년에 새로운 이정표가 되는 작품으로 남길 바라는 마음 간절하다. 그리하여 우리가 중국의 '경극'이나 일본의 '가부키'를 넘어서는 문화상품으로서 '창극'을 온 세계에 자랑할 수 있는 날이 오기를 진정 기원한다.

초여름의 열기를 잊게 할 만큼의 좋은 공연을 기획하고 실천한 모든 사람들에게 감사하며, 이 졸고가 우리 창극 발전을 위해 자그마한 거름이라도 되기를.

(전북국악, 1999년 9월호(통권 5호); 전북도립국악원)

정체불명의 시대에 만나는 '사랑'이라는 화두:
창작극회의 "용띠 개띠"와 "사랑을 찾아서"

사랑이 뭘까요? 공연이 시작되기 전, 주연 여배우의 입을 통해 어느 관객에게 던져지는 질문이다. 글쎄요... 내가 목격하기론 그 관객은 난처한 표정과 몸짓으로만 반응하다가 '안 해봐서 모르겠다'는 말로 겨우 곤경을 벗어났지만, 실상 경험의 유무나 질적 양적 차별성에 관계없이 누구든 동의할 수 있는 마땅한 대답을 명쾌하게 내놓기란 거의 불가능해 보인다. 그럼에도 다시 한 번 질문을 던져보자. '사랑'이라는 것은 대체 무엇인가? 왜 대다수의 사람들이 그걸 가지고 안달복달 하는데 진실 된 성취를 말하는 것은 거의 꿈같은 일처럼 되어 버렸는가? '참사랑', 이른바 '트루 러브'라는 말이 몹시도 강조되고 있다시피 우리가 '거짓 사랑'이 난무하는 현실을 살고 있기 때문일까? 그런데 문제는 무엇이 참된 것이고 무엇이 거짓된 것인지 판별할 수 있는 능력이 더 이상 우리에게 주어져 있지 않다는 데 있을지도 모르겠다.

스산한 기운이 돌기 시작하여 주책없이 외로움을 많이 타는 사람들에게 따스한 타인의 체온을 갈구하게 만드는 계절인 가을을 맞이하여 창작극회가 제94회 정기공연으로 기획한 '사랑이라는 이름의 테마연극', "용띠 개띠를 만났다"와 "사랑을 찾아서"는 이 정체불명의 시대에 20세기의 마지막을 목전에 두고서 던지는 하나의 화두이다.

10월 8일부터 17일까지 공연된 이만희 원작의 "용띠 개띠"

는 용띠 남자와 개띠 여자 부부의 사랑얘기다. 지극히 일상적이고 소박하여 '소시민 연극'의 냄새를 물씬 풍기는 이야기꺼리를 연극적으로 감칠 맛나게 풀어가는 장치는 '내기'라는 모티브이다. 무엇보다 두 사람은 '내기'를 통해서 결혼에 이른다. 첫 만남의 장소인 만화가 남자의 작업실에서 기자인 여자는 야구선수 이만수가 경남고 출신이라고 마구잡이로 우기면서 내기를 건다. 내가 지면 당신의 요구가 무엇이든 다 들어주겠다고. 결국 남자가 이기고 남자는 여자에게 청혼을 한다. 물론 여자는 승복을 하고... 나중에 밝혀지기로는 사실 '내기'라는 것이 본질적으로 중요했던 것은 아니다. 여자가 이겼으면 남자를 한번 '자빠뜨릴려고했다'니까 말이다. 어쨌든 그들을 법적으로 맺어주게 되는 동기가 되는 이 '내기'는 그들의 부부생활을 일관하여 작용하는 하나의 윤활유이자 동력이 된다. 말년에 이르러 중병이 들어 시한부 인생을 살게 되는 시점에서도 두 사람은 같이 할 수 있을 시간의 길이를 놓고 내기를 하자 커니 운운하고...

10월 22일부터 31일까지 공연된 김광림 원작의 "사랑을 찾아서"는 상대적으로 좀 더 무거운 화두이면서 극적 구성도 더 복잡하다. 자본주의적 첨단(?) 사업이랄 수도 있을 한 보험회사 조사부에는 비상사태가 선포된다. 10억 원의 생명보험금을 아무 관계도 없어 보이는 이순례라는 한 여자에게 지정해놓고서 자살한 남자 김억만 때문이다. 그런데 그 여자는 이미 남자보다도 먼저 교통사고로 죽었고, 따라서 보험금은 그 여자의 남편에게로 돌아갈 판이다. 보험회사로서는 김억만이 보험금을

노리고 의도적으로 자살했다는 사실을 밝혀내어야 할 처지가
된 것이다. 그들은 법정에서의 재현을 목표로 김억만과 이순례,
두 사람과 관련된 이야기를 '연극'으로 구성한다. 차츰 드러나
는 진실은 이렇다.

한국전쟁 중 도망중인 북한군관 김억만은 이순례의 외딴집
으로 찾아들어 하룻밤의 인연을 맺게 된다. 그날 밤이 가기도
전에 붙잡혀 총살 위험에 처한 그를 도망치게 도와주고 이순례
는 옥살이를 하게 된다. 다시 재회하지 못한 상태에서 두 사람
의 인생은 각자가 다 고통과 질곡의 세월이다. 김억만은 포로수
용소를 거쳐 이순례에 대한 사랑 때문에 남쪽을 택하고 긴긴
세월 그녀를 찾아 방방곡곡을 헤매지만 그에게 돌아오는 것은
과거의 전력에 따른 핍박뿐이다. 이순례는 죽은 줄 알았던 남편
이 돌아와 결혼생활로 복귀하지만 이미 신문기사에도 실렸던
과거의 일 때문에 세월 모르고 계속되는 남편의 구타와 박대,
생계의 어려움을 감수할 수밖에 없다. 그러던 차 거의 30년 만
에 둘은 재회를 하게 되는데... 물론 현실적(제도적?)으로는 맺
어질 수 없는 처지이고. 김억만이 그녀를 위해 자신이 할 수 있
는 유일무이한 일로 생각해낸 것이 바로 10억 원의 생명보험금
이다. 그러나 이순례는 그 증서를 뿌리치고 뛰쳐나가다가 교통
사고로 죽고, 며칠 후 그도 어느 빌딩의 옥상에서 몸을 던진다.

이와 같은 '극중극', 즉 '지나간 시대의 고전적 사랑 이야
기'를 둘러싸고 있는 외피이자 또 하나의 사랑 이야기가 바로
이 극중극을 기획하고 실연하는 보험회사원들, 그중에서도 '김
대리'와 '미스 리'가 중심을 차지하는 '지금의 현대적 사랑의

모습'이다. 작가가 본 지금의 사랑은 물론 그 옛날의 지고지순한 그런 면모를 잃어버린 지 이미 오래이다. 연극을 해가는 도중에 변화하는 두 현대남녀의 자세에서 그 어떤 희미한 빛을 던져주려 하는 것 같아 보이기도 하지만.

"용띠 개띠" 공연은 젊은 층이든 중년 관객이든 부담 없이 즐길 수 있는 가볍고 유쾌한 연극'을 해보려 했다는 두 사람의 연출자(조민철, 고조영)의 목표가 무리 없이 달성되었다고 보인다. 위인들과 서민들의 삶의 무게가 저울로 달아 랭킹(?)이 정해질 수 없듯이 범속한 사랑의 진실이라고 해서 세상을 떠들썩하게 만들 만한 그 어떤 획기적인 사랑의 진실과 그 순도를 놓고서 경쟁하지 말란 법도 없다. '작은 것이 아름답다'고도 하지 않았는가. 열과 성을 다한 정성어린 무대에도 불구하고 작품이 아무래도 젊은 배우들에게는 벅찬 것이 아니었나 하는 지워버리기 어려운 아쉬움은 그래도 있다.

"사랑을 찾아서" 공연도 여러모로 많은 정성을 기울인 만큼 성공작이라고 평가해 마땅할 것이다. 다만 좀 더 심도 깊은 문제의식과 대본분석이 선행되었더라면 더 나은 결실을 가져올 수도 있지 않았을까 싶다. 특히 '극중극'인 김억만과 이순례의 이야기에서는 심화되고 정련된 내면 연기와 섬세한 감정표현이 아쉬웠다. (그러나 여기서 독자들에게 양해를 구할 수밖에 없는 것은 필자가 사정상 시연회를 보고 글을 쓸 수밖에 없었다는 점이다. 본 공연에서는 분명 훨씬 나아졌으리라 믿는다.)

두 작품을 보고서 떠오른 것은 현대인의 정체성 문제에 천착한 극작가 루이지 피란델로의 말이다. "각자는 자신이 할 수 있는 한 가면을 -외적 가면을- 똑바로 쓴다. 왜냐하면 그 안에는 또 다른 가면이 있어 이것이 곧잘 외적 가면과 일치하지 않기 때문이다." 그는 작품 속에서 자신의 정체성을 밝혀야 할 처지의 어떤 등장인물로 하여금 다음과 같은 답을 하게 하기도 한다. "나는 당신들 각자가 생각하는 바로 그 사람입니다." 그럴지도 모른다. 정체성 불명의 시대를 사는 인간들은 모두가 정체 불명일지도. 어쩌면 인생이 '서바이벌 게임'이고, 세상이 그 무대인 현실에서는 그것이 불가피한 선택일지도. 그렇다면 '사랑'이라는 문제와 관련해서도 다음과 같은 답이 적절할까? '사랑이란 당신들 각자가 생각하는 바로 그것이라고.' 그럴까? …

(문화저널: 문화시평, 1999년 11월호)

'이완'과 '긴장'의 균형미가 아쉬웠다:
창작극회의 "강 건너, 안개, 숲"

안개 속처럼 앞길을 내다보기 어려운 남북관계의 상황이 DJ
와 YS의 새옹지마 같은 운명하고만 결부되는 것은 아닌 모양
이다. 냉전적 시각의 『쉬리』에 대한 문제의식으로 기획했다고
하는 영화 『공동경비구역 JSA』가 변화된 정세에 힘입어 엄청
난 성공을 거두고 있는 이때, 탈북자들의 문제를 소재로 한 창
작극회의 연극 "강 건너, 안개, 숲"의 공연 팸플릿에는 '시대착
오'와 관련된 우려가, 左右든지 간에, 등장할 수밖에 없게 되었
으니 말이다. 어쩌겠는가, 시대가 이처럼 하수상한데….

창작극회 제99회 정기공연이자 2000년 무대예술공연지원
사업의 지원을 받기도 한 창작 초연작 "강 건너, 안개, 숲"이
11월 15일과 16일, 두 차례에 걸쳐, 이 지역의 연극으로서는
드물게 전북대 문화관의 대극장 무대에 올려졌다(아마도 이 지
역 극단의 정통 연극 공연으로서는 처음이 아닐까 싶다). 작품
이 다루고 있는 것은 전술했다시피 목하 통일의 기운이 무르익
어 가는듯한 남북화해의 햇볕의 열기에 밀려 그늘진 '뒤안길에
서 서성여야 하는' 탈북자들의 처지이다. 사실 이와 같은 '아
이러니'야 말로 그 얼마나 연극적으로 매력적인 소재이던가.
그럼에도 작금의 우리 현실에서는 그것이 연출자의 '아이러니
컬'한 언급대로 '시대의 죄인이 되지 않기 위한 면피의 몸부
림' 정도로 치부되어 버릴 수도 있는 것이다.

'남한 출신의 퇴출 노동자 태수가 연변에서 만난 북한 처녀

해란과 함께 남한으로 오고자 애쓰다가 갖은 우여곡절 끝에 결국은 안개 자욱한 숲 속으로 사라지고 만다.' 남쪽도 북쪽도 아닌 그 어딘가 다른 곳으로 사라져간 한 쌍의 남남북녀의 이야기. 극의 기본 골격은 이처럼 요약하면 아주 명료해 보인다. 그렇지만 실제 공연에서의 극적 진행은 그리 단순치가 않다. 이는 공연양식의 문제와 관련되는데, 연출자는 '탈북자들의 긴 여정과 연길을 중심으로 해서 서로 다른 방향으로 꿈틀거리고 있는 욕망의 파노라마를 효과적으로 표현하기 위해서 해설과 극을 동시에 진행시키고, 여러 장면이 중첩되어 진행되는 연출 기법', 이를테면 서사적인 양식과 극적인 양식의 종합을 시도한 것 같다. 그러나 어쨌든 연변을 무대로 한 다양한 인물군상의 욕망의 풍속도(?)를 보여주는 데는 성공한 듯싶지만 '극적 흐름이 끊기는 일'이 그다지 잘 '예방'된 것 같아 보이지는 않는다. 따라서 '서사적 이완과 극적 긴장의 반복을 통한 관객의 의식 고양'이라는 목표의 달성여부도 조금은 불분명하다. 작품의 성격상, 탈북자들의 여정에 보다 더 큰 무게 중심을 두고, '서사적 이완'보다는 '극적 긴장'을 더 중시하는 연출이 작품의 주제를 더욱 선명히 부각시킬 수 있지 않을까 싶다. 물론 '서사적 이완'도 그 자체가 문제가 될 수는 없다. 다만 그것이 전체적으로 '지루함'의 한 요인으로 작용해서는 안 되리라는 것이다.

주축을 이루는 몇 인물들의 성격묘사도 일견 단선적이거나 모호한 부분들이 있어 보인다. 대표적으로 둘만 얘기해보면, 남자 주인공(?)이라 할 태수는 어쩌면 남한 사회의 낙오자 내지는 희생자이다. 올가미에 얽혀들어 어쩔 수 없이 귀환 길의 수렁에 빠지는데, 결국 해란과 함께 어딘가 다른 곳을 선택할 수밖에 없게 되는 과정의 내적 필연성이 부족해 보인다. '어느 날 안개 자욱한 숲 속으로 사라진 두 주인공에게 거기 가르마 같은 길이라도 있었는지 묻고 싶은' 심정이 정말 절절해지게 만들 수는 없을지... 상당히 긍정적으로 묘사되는 인물인 전도사 '도마'는 극이 전개될수록 최부장의 하수인처럼 전락(?)해 버리는데, 이 인물에 대한 작가의 궁극적 의도가 궁금해지기도 하는 부분이다.

전북대 문화관의 대극장 무대가, 대형 뮤지컬이 아닌, 정통 연극 공연을 위해 과연 적합한 무대인지의 여부에 관해 이 자리에서 논하고 싶지는 않다. 다만 이번 공연에서도 드러났다시피 마이크를 사용할 수밖에 없는 상황은 언어적 원근감을 없애고, 대사의 질량들마저 균일화시켜버린다는 점에서 더 없이 불행해 보인다. 이번 공연을 하나의 '출발'로 여기고자 한다면 음악도 다시 녹음해야 할 것 같고, 극의 전반적 분위기와 어울리지 않는 색감의 세트 디자인도 다시 해보면 어떨까 싶다. (개인적인 바램을 말해본다면 창작극회가 이 작품으로 내년의 연극제에 나가봤으면 싶다.)

"강 긴니, 안개, 숲"의 작가이사 연술자인 곽병창은 그의 기성연극계에서의 최초의 출세작(?)이라 할 "꼭두 꼭두"에서도 사할린 동포들의 뒤틀린 삶을 소재로 하여 역사의 커다란 수레바퀴에 깔려 이름도 없이 저 뒤편으로 밀려가버린 사람들의 문제에 천착한 적이 있다. 역사의 불가항력적인 힘과 이에 함몰

되어 갈 수밖에 없는 무력한 개인들의 비극적인 삶이라는 극적인 주제는 당시 '꼭두극'의 공연양식을 적절히 배합해 넣는 등 다양한 극적 장치들의 효과를 빌어 극적인 완성도를 높인 동시에 관극의 재미를 극대화시켜주었다. 결국 성공의 요인은 주제와 기법, 내용과 형식의 절묘한 어울림이었으니, 이번의 "강 건너, 안개, 숲"에서도 그때와 같은 감동을 기대한 것이 그리 지나치지는 않았으리라.

(문화저널: 문화시평, 2000년 12월호)

가난해 보이는, 그러나 용감한 연극:
창작극회 제100회 정기공연 "오월의 신부"

'오월 광주', 생각만 해도 답답하다. 특별히 내가 뭐랄까 양심적인(?) 사람임을 드러내보고자 하는 의도는 정말 털끝만큼도 없지만, 하여간에 떠올리기만 해도 그 무슨 끈끈한 점액질로 된 벽에 사방이 꽉 막힌 것 같은 기분이 들게 만드는 것이 그것이다.

그 21주년이 되는 올 봄, 창작극회는 제100회 정기공연으로 '오월 광주'를 소재로 한 황지우의 시극 『오월의 신부』를 각색하여 창작소극장 무대에 올렸다. 100회 째의 정기공연이라면 좀 더 거창한 기획으로 큰 극장에서의 공연을 시도해볼 만도 한데, 어쨌든 창작극회는 일반의 통속적인 기대에 대해서는 의표를 찌르는 대응을 시도한 셈이다. 옳은 일일지도 모른다. '살아남은 자들'의 현실이 이렇듯 남루하기 이를 데 없을진대 큰 극장에서의 잘 치장된 외양이 뭐 그리 중요할 것인가. 문제는 보다 낮은 목소리의 진솔한 대화일 터인데.

"오월의 신부"의 중심점에는 당시 "들불야학"을 둘러싼 인물들이 위치한다. (물론 연극 속에서는 다른 이름으로 등장하지만 알 만한 사람들에게는 실제의 이름도 다 알려져 있는 그런 인물들.) 1980년 5월, 광주에서 들불야학을 함께 해오던 이 사람들도 도리 없이 사태의 와중에 휩쓸려든다. 시위를 주도하던 강혁은 계엄군 공수부대가 시민들을 학살하는 위급한 지경에 피신할 수밖에 없는 처지가 되고, 김현식은 시민들의 우상인 강혁 대신 그의 이름으로 투사회보를 만들며, 오민정은 광주 시민들을 향해 가두방송을 한다. 계엄군은 시위대를 향해 무차별 집단발포를 하고 시민들은 자위 차원에서 무장을 시작한다. 시민들의 서슬에 눌린 계엄군은 일단 퇴각을 하고 시민들은 해방감을 만끽하기도 하지만 앞날에 대한 어떤 전망도 불가능하다.

도청을 사수하는 시민군의 일원이 된 김현식 앞에 피신해 있던 강혁이 나타나 잃어버린 자신의 이름을 되돌려달라 요구하지만, 김현식은 강혁에게 오민정을 데리고 밀항선을 타도록 종용한다. (이들은 설명이 다소 필요한 관계이다. 즉 강혁은 오민정을 사랑하지만, 오민정은 그를 동지로서 존경할 뿐이다. 오민정의 마음은 김현식에게로 향해 있다. 그러므로 오민정을 강혁과 함께 보내려는 김현식의 계획은 의당 또 다른 방식의 사랑에서 나온 것일 터이다.) 장신부는 김현식에게 무고한 시민들의 희생을 줄이기 위해 총을 거두자고 설득하고, 김현식은 도청에 남은 시민군들 가운데 여자와 어린 학생들을 내보낸다. 그런 와중에 강혁을 따라갔던 오민정이 전말을 깨닫고서는 다시 도청으로 돌아온다. 더 이상 피할 수 없는 서로에 대한 사랑을 확인한 두 사람은 시민군들에 둘러싸인 채 장신부의 집전으로 혼배성사를 치른다. 이제 도청 상공에 헬기가 뜨고 탱크가 진입하기 시작한다. 그리고 …

극의 마지막 장에서 장신부는 살아남은 자신을 자책하며 괴로워하고, 도청에 쌓여 있던 다이너마이트의 뇌관을 뽑아버렸던 허인호는 미쳐버린 상태에서 '사람은 죽는 것이 아니라 다만 잠자는 것이다'라며 다른 사람의 죽음을 인정하지 않는다.

사실 '오월 광주'는 꽤 많은 세월이 지났음에도 우리 예술이 소화하기에 여전히 너무 무거운 주제인지 모른다. 장선우의 영화 "꽃잎"은 거의 '자학적'이라 할 만한 테두리를 넘어서지 못한 듯 했지만, 최근의 "박하사탕"은 그래도 여러 생각거리를 주기는 했다. '오월 광주'를 전면적으로 다루지 않으면서도 주인공의 인생을 갈라놓은 주요 원인으로 그것을 짚은 것이다. 그런데 이 영화는 묘하기도 한 것이 어긋난 인생을 살 수 밖에 없었던 주인공과 그것을 지켜보는 관객 자신 모두에 대해 알 수 없는 연민의 감정이 일게 만든다는 것이다. 그리고는 이 영화가 '비굴하게 살아남아 개판으로 이어온 목숨'에 일종의 '면죄부'를 제공해주는 게 아니냐는 의혹조차 일게 하는 것이다. 문제는 '카타르시스'이며, 또 그에 이어지는 '망각'이 아닐까. '아우슈비츠 이후에도 서정시를 쓴다는 것은 야만적'이라는 명제를 통해 아도르노는 과거의 고난에 천착하는 예술의 딜레마를 논한바 있었다. 그에 의하면 '그럼에도 저 고난은 그것이 되풀이되지 않도록 해줄 그런 예술의 존속을 필요로 한다. 다른 어떤 곳에서도 고난은 자신을 즉각 배신해버리지 않을 그런 자기 자신의 목소리를, 위안을 거의 찾지 못하고 있기 때문이다.' 그렇나면 황시우의 '오월의 신부'는? 장작극회의 공연은?

극을 관람한 것이 5월 10일 저녁, 글을 쓰는 지금은 5월 18일 밤. 며칠 묵혀두고서 생각을 가다듬어 보자 했던 것이 하필이면 '오일팔'에 쓰게 되었는데 여전히 가닥이 잘 안 잡힌다. 오늘은 신문과 방송에서도 관련 기사와 프로그램이 눈에 띄고,

대학 홈페이지에 들어가 보니 축제 기간에 '오일팔' 관련 행사가 부실한 것에 대한 설왕설래도 있고... 나로 말할 것 같으면 지금이라도 글을 물릴 수만 있다면 얼마나 좋을까 하는 무책임한 생각도 슬쩍 올라온다. 도리 없이 그저 연극 공연상의 문제점들을 지적하는 것으로 만족해야 할 것 같다.

전체적으로는 공들인 흔적이 역력한 공연이지만 '오월의 신부'라는 핵심 모티브가 오히려 부차적인 다른 이야기들에 묻혀 버린 인상이다. 물론 광주항쟁의 경과를 보여주는 것도 나름의 의미가 있겠고, 여러 인물들의 내면을 드러내는 것도 필요했을 것이다. 그러나 몇몇 다른 인물들의 묘사가 충분하고도 남았다면, 오히려 김현식과 오민정, 그리고 강혁에 대해서는 얼개 밖에 제시되지 않았다고 보인다. 그저 애정다툼에 불과할 수는 없는 풋풋한 그 무엇이 있을 법도 한데 말이다. 두 사람의 결혼식 장면도 너무 무미건조하지 않았을까? 이른바 '미학화'를 요구하는 것은 아니고, 비극 속에서만 인간적인 것이 피어난다는 '모호한 형이상학'을 주장하는 것은 더 더욱 아니니 오해 없기를 바란다. 어쨌든 결혼식 장면을 비롯한 몇 장면에서는 본디 '시극'으로 쓰인 원작의 묘미를 살릴 수도 있었을 것이다.

과다한 음향의 사용도 귀에 거슬렸고, 슬라이드의 활용은 거의 효과를 발휘하지 못하면서 극의 흐름만 이완시키지 않았나 싶다. 길지도 않은 연극에서 너무 많은 이야기를 하려고 과욕을 부린 것이 아니라면, 좀 더 압축하고, 여백으로 넘길 것은 과감히 넘기는 작업도 필요했다고 보인다. 특히 에필로그는 너무 길었다. 되풀이하지만 문제는 결국 '오월의 신부'가 아니었을까?

　마음 가난한 시절에 너무도 가난해 보이는, 그렇지만 용감한 연극 『오월의 신부』… 오일팔을 전후하여 막을 내릴 즈음에는 소극장이 미어터지게 관객들이 몰려들었기를…

(문화저널: 문화시평, 2001년 6월호)

오태석과 셰익스피어의 범상치 않은 만남:
극단 목화의 "로미오와 줄리엣"

"로미오와 줄리엣". 원수 가문의 젊은 남녀가 사랑에 빠져 결국 파멸에 이르게 되는 그 유명한 서정비극. 웬만한 사람이라면 그 줄거리쯤 모를 리 없고, 다른 매체를 통해서도 누차 접할 수 있었던 이 비극적 사랑이야기를 다룬 공연이 다시금 '지금 이곳'의 우리에게 의미를 지니려면 과연 어떠해야 할까.

5월 11일과 12일 「한국소리문화의전당」에서 공연된 극단 목화의 "로미오와 줄리엣" 첫날 저녁공연을 보러가며 떠오른 생각은 우선 이것이다. 우리 현대연극에서 차지하는 극작가이자 연출가 오태석의 비중을 생각해볼 때 그의 '셰익스피어와의 만남'의 성과가 범상치는 않을 것이라는 믿음이 이미 어떤 기대감을 부풀리게 했을지도 모른다. 아니나 다를까. 사건이 전개되는 무대도 이곳으로 이전되고 등장인물들의 이름도 우리 이름으로 바뀌고 우리 의상을 입고 무대에 등장한다('제너미가의 문희순'과 '갈무리가의 구영남', 누가 남자고 누가 여자일까? 해당 배역을 맡은 배우들 이름에서 따온 두 주인공의 이름도 역시 의도된 해학이었나?).

그러나 이러한 공간적 이전과 우리 몸짓에 우리 소리가 따르는 외양보다 본질적으로 중요한 것은 원작의 어법과 공연양식이 거의 완전히 우리 식, 혹은 오태석 식 연극문법과 공연양식으로 대치되었다는 사실이다. 공연 후 직접 밝혔듯이 오태석은 번역극의 문제점을 누구보다도 잘 알고 있다. 운문체로 쓰인 원작의 운율적인 묘미는 산문화될 수밖에 없는 번역어 문장으로는 제대로 살려낼 수 없기 마련이다. 극작가 오태석이 3,4조 4,4조의 우리 구어체 운율에 바탕을 둔 우리 어법의 대사로 대본 자체를 고쳐 써야 했던 이유는 명약관화한 셈이다. 또한 그가 채택한 '마당놀이' 식 공연 양식은 굳이 '서구연극의 한국화 시도' 라는 명제 이전에, 드라마 보다 공연행위에 무게를 두어 활로를 모색하는 현시대 공연예술의 방향성에 비추어 볼 때에도 이미 그 타당성이 확인된다.

어쨌든 이처럼 우리의 어법과 공연양식이 조화를 이루어 분출해내는 언어와 몸짓, 개개 장면의 토속성과 유희성, 의외성과 즉흥성, 해학성, 그 비극성과 희극성의 묘한 어우러짐은 관객으로 하여금 '또 다른 셰익스피어' 와 '또 다른 오태석' 을 만나는 관극의 재미를 만끽하게 하기에 부족함이 없었다. 무대공간과 장치, 소도구 등의 적절한 활용, 시각적 효과와 청각적 효과의 조화도 주목할 만 했고, 오랜 시간 다져진 배우들의 연기 앙상블도 흠잡을 데가 없어 보였다. 그런데 한 가지, 왜 남자 주인공이 하필이면 "까마귀"로 불릴까. 우리 의식에 '까마귀' 는 '불길한 새' 로 각인되어 있지 않은가? (조금은 우스꽝스러워 보이기도 하는 이것도 역시 오태석의 '해학' 일까? 무대 위쪽에 날개 모양의 장식이 장치되어 있듯이 날고 싶었지만 결국 서로에게 까마귀 일 수밖에 없었던 두 젊은이...)

그러나 드라마적인 면에서 볼 때 오태석의 거의 유일한 셰익스피어 재해석은 마지막에 가서야 모습이 드러난다. 두 젊은이의 죽음으로 두 가문의 사이는 더 악화되고 양가 패거리들은 서로 칼을 휘두르는 피의 도가니 속에서 모두들 죽음을 맞이하게 된다. 소개책자를 보면 이러한 결말이 꼭 비관적인 세계관에서 나온 것이 아니라는 점을 알 수 있기도 하지만, 원작의 가상적(?) 화해에 견주어 볼 때, 보다 현대적인, 그리고 우리 동시대의 현실에 적합한 결말인지도 모르겠다.

재해석 작업이란 우리 전통의 현대화를 위해서도 서구문화의 '우리화'를 위해서도 불가피하게 요구된다 하겠고, 좁은 소견으로 볼 때에도, 그러한 점에서 오태석의 이번 공연은 전체적으로 우리 연극의 발전에 많은 기여를 한 것으로 평가해도 좋을 듯하다. (그런데 이는 어쩌면 너무나 당연한 일이리라. 공연 팸플릿에도 그런 문구가 있듯이 "이름만으로 연극을 보고 싶은 연출자, 한국 연극의 자존심"인 오태석의 경우니까 말이다.) 그럼에도 개인적으로는 조금은 미심쩍은 점들도 없지 않다. 이번 공연은 1995년 호암아트홀 개관10주년 기념작으로 공연되었던 것을 2001년 4월 독일 '브레머 셰익스피어페스티벌' 초청공연으로 올리기 위해 다시 손을 본 작품으로, 서양식 의상을 우리식 의상으로 바꾸고, 덧붙여 행위의 단순화, 연기의 유연성을 더욱 가다듬었다 한다. 첫 공연을 보지 못한 처지에 두 공연을 비교해볼 수는 없는 노릇이다. 다만 이번 공연에서는 작품의 해학성, 또는 희비극성을 부각시키기 위해 의도적으로 시도한 것인지는 모르겠으나 그 어떤 작위성(?), 그리고 내용과 표현이 잘 어우러지지 않는 듯한 부조화의 느낌을 주는 부분들도 있어 보인다. 혹 이점이 서구인들이 주된 관객인 국제연극제를 위해서, '한국식으로 해석 표현된 서구 전통극'이라는 공연 취지에 비추어 '볼거리'들이 의식적으로 배치될 수밖에 없었던데 기인하는 것은 아닐까?

'현재 이 시대가 안고 있는 상황들에 초점을 맞춘다'는 명제가 '결말의 재해석'만으로 충분히 달성되었나 하는 의문도 남아 있다. 이는 결국 주제와 관련한 '비극의 근거'를 어디서 찾을까, 이를테면 '어린 연인들을 자멸토록 이끄는 피할 수 없는 강제성'에 지금 여기의 우리는 - 당대의 관객처럼 '본능적'으로가 아니라 - 구체적으로 무엇을 근거로 '공감대를 형성하고 망실감을 공유'할 수 있을까 하는 문제일 것이다. 오태석은 "우리가 서로 이유 없이 미워하고, 욕심내고, 괜한 증오심에 휩싸이는 일들이 너무도 많습니다"라고 말한다. 그런데 정말 이유가 없을까, 괜히들 그럴까?

셰익스피어의 상상력이 한국적 표현을 발견하였다고 할 때, 한 걸음 더 나아가 우리의 동시대적 상황까지 좀 더 구체적으로 얻어내었더라면 더욱 좋지 않았을까 하는 욕심을 부려보지만 (작가가 관객과의 대화에서 얼핏 '남북관계'를 언급했듯이) 이는 그의 작품의 '여백'을 읽어내야 하는 관객들에게 넘겨진 과제일지도 모르겠다.

극단 목화 단원들과 좋은 기획공연을 유치한 '소리문화의전당' 측에 고마움을 전하며 앞으로도 좋은 공연들을 가까이에서 마주할 수 있는 기회를 지속적으로 제공해주길 바란다.

(문화저널: 문화시평, 2002년 6월호)

새로운 감성과 정신, 젊은 연출가의 등장이 아쉽다:
제19회 전북연극제

4월 16일부터 20일까지 닷새 동안 '소리문화의전당 연지홀'에서 제19회 전북연극제가 개최되었다. 작년 이곳에서 개최된 전국연극제가 성황리에 마무리된 뒤끝이라 이번 연극제가 이 지역 관객들의 높아진 열기와 기대에 어떻게 부응할 수 있을지 내심 궁금하기도 했으나 들려오는 소식은 쉽사리 낙관적인 전망을 내리기 어렵게 하기도 했다. 여러 요인이 있기는 하겠지만 시립극단 사태가 한 원인이 되기도 한 이른바 '배우 기근' 현상이 심각하여 각 극단마다 연극제 준비에 적지 않은 난관을 겪었다는 것이다. 결코 남아돈다고 할 수 없는 한정된 이 지역의 연극 인력에 비춰볼 때 그나마 어느 정도 안정된 연기력으로 뒷받침해줄 인력마저 거의 투입될 수 없다면 그 결과는? 물론 아무리 연극이 배우예술이라고는 하지만 그것이 전부는 아니랄 수도 있고, 경우에 따라서는 신진배우들에게 자신의 진가를 새로이 확인시킬 절호의 기회가 될 수도 있으니 섣부른 예단은 금물일지 모른다. 오락가락하는 심정으로 연극제에 출품된 작품들을 보았다.

첫날 공연된 극단 명태의 "사로잡힌 영혼"(이상현 작/ 최경성 연출)은 조선 말기 화가 장승업의 생애와 예술을 소재로 한 작품이다. 도화사 감찰관이라는 '환쟁이'에게는 과분하기 이를 데 없는 벼슬을 박차고 대궐을 빠져나가는 장승업의 예술혼. '진정한 그림'을 얻기 위한 그의 고행과 기행의 과정이 극으로 펼쳐진다. 모든 욕심과 세속적 번뇌를 넘어서 그야말로 무념무상의 자유로운 경지에 이르렀을 때 '절대적인 미'에의 도달도 가능하다는 깨달음. 이미 연극작품으로서도 확고한 위치를 확보했고 나아가 영화에서도 다루어져 대중에게 널리 알려진 소재이니 과연 새로운 해석이나 연출을 만날 수 있을까 하는 기대를 가졌으나 막상 공연에서 새로움을 찾아보긴 어려웠다. 역동적이고 빠른 장면 전환을 시도한 것은 좋았으나 극적 흐름의 완급조절이 없었고, 거의 매 장면 전환 때마다 울리는 북소리가 종내는 역겹게 들리기까지 했다. 배우들도 소수를 제외하고는 대사전달력도 미흡했을 뿐 아니라 역할을 제대로 소화해낸 배역을 찾기가 어려웠다. 전체적으로 시간에 쫓긴 듯한 인상이어서 안타까움을 떨치기 어려웠다.

둘째 날 공연된 "막차 탄 동기동창"(이근삼 작/ 박병도 연출)은 오랜만에 선보인 극단 황토의 작품이다. 몇 십 년 만에 재회한 초등학교 동기동창인 두 노인이 성격차이나 입장의 차이 등으로 티격태격, 우여곡절을 겪은 끝에 결국 서로 마음을 열고 노년의 외로움과 쓸쓸함을 함께 나눌 우정으로 발전한다는 이야기. 주제 면에서도 노인문제가 절절한 이 시대에 어울릴 뿐 아니라 작가 특유의 재치와 유머가 어우러진 대사와 상황에다 극적 구성도 잘 짜인 작품이다. 극적인 흐름을 잘 조절하고 신인 배우들의 연기도 무리 없이 이끌어 나간 연출력을 높이 평가하고 싶다. 다만 연출가 자신도 토로했듯이 중후하고 완숙한 연기가 필요한 두 주인공 역할을 빛내기에는 젊은 두 신인 배우의 역량이 아무래도 벅차 보였으며, 소극장에서 공연

한다면 공연효과가 훨씬 배가될 수 있는 작품이었다.

셋째 날 공연된 극단 토지의 "하얀 목련"(최솔 작/ 연출)은 '한 가족이 삼십년에 걸쳐 겪게 되는 애증과 화해의 드라마'를 표방한 작품으로 씨받이로 들어온 할머니와 아들을 낳지 못한 어머니, 그리고 대를 끊어 놓았다고 할머니로부터 갖은 구박을 받으며 성장한 손녀 등 여인 삼대가 등장한다. 이 시대의 주요 화두인 이른바 '여성문제'를 되짚어 볼 좋은 소재가 될 수도 있었겠으나 극적인 갈등 요소나 연기자들의 행동이 당위성이나 설득력이 부족해 보였고, 극이 사건을 통해서가 아니라 거의 설명조의 대사들을 통해서 진행되어서 지루함을 떨치기 힘들었다. 극적인 흐름도 템포 조절이 없었고 무선마이크를 사용한 대사전달은 마치 '립싱크'를 하는 듯한 착각(?)을 불러일으키기조차 했다.

넷째 날 공연된 극단 하늘의 "봄이 오면 산에 들에"(최인훈 작/ 조승철 연출)는 원작의 무게를 떠받칠 수 있는 연극적 역량과 함께, 이미 고전이 된 원작에 대한 재해석 여부가 관심을 끈 작품이었다. 옛날 어느 마을, 가난 속에 아비와 함께 살아가는 달내, 집 나간 어머니에 대한 그리움은 간절한데. 마을 사또는 달내를 첩으로 달라 압력을 넣고, 아비는 바우와 함께 야반도주를 하라 하고. 그러던 어느 날 밤 종내는 문둥이 어머니의 손을 잡아 맞아들이는 달내. 마지막 장면에서 네 가족은 모두 문둥이가 되어 짐승들과 어울려 함께 즐겁게 살고 있다. 고뇌와 절망을 극복하고 억압을 벗어나 자유와 사랑을 회복하기 위한 선택과 결단, 그럼에도 그것에 내재될 수밖에 없는 비극성.

작가는 게다가 말과 움직임에서도 지극히 어려운 연기술("말더듬이처럼, 움직임 더듬이로")을 요구하고 있다. 이번 공연이 거둔 무대효과 면에서의 성과에 대해서는 높이 평가해도 좋겠으나, 작가가 요구하는 언어와 동작을 웬만큼이라도 소화해내기에는 배우들, 혹은 연출의 역량이 미처 따르지 못한 것으로 생각된다. 이럴진대 1970년대 말의 우화적 작품에 대한 재해석을 기대한 건 무리였을까?

마지막 날 공연된 창작극회의 "상봉"(최기우 작/ 류경호 연출)은 이산가족과 비전향장기수 문제 등을 바탕으로 한 의욕적인 '창작 초연작'이다. 불행한 이념대립의 역사가 남북분단을 가져 왔듯이 분단의 역사를 거치며 사이가 벌어진 두 집안의 갈등과 화해가 극적인 흐름의 기본 축을 이루고 있다. 대단히 시의적이면서도 정면으로 다루기 쉽지 않은 시대적 화두를 과감히 극화한 점이 높이 평가되면서도 드라마적인 구성이 썩 만족스러운 것은 아니다. 딱히 '이것이다'라고 지적하기도 그다지 쉽진 않지만 어딘가 취약해 보이는 인상을 떨치기 어려운 것도 사실이다. (이념적 기반이 다른 두 집안의 갈등이라는 기본 축이 도식적으로 생각되어서일까? 인물 성격 묘사가 평면적이어서, 또는 화해에 이르게 되는 모티브가 설득력이 부족해 보여서일까?) 무겁고 지루할 수 있는 주제를 여러 표현 수단들을 동원하여 적절히 풀어나간 연출력이 돋보였고, 상대적으로 다른 작품들에 비해 연기자들의 안정된 연기가 연극을 보는 재미를 맛볼 수 있게 해준 작품이었다. 연극이 결국 계속적으로 무대에 오르면서 완성되어 가는 것이라는 점을 되새기며 전국

연극제 무대에 보다 더 나아진 작품을 올리길 기대해본다.

전체적으로 이번 연극제를 돌이켜 보면, 우리나라 연극계 전반이 그러하지만, 시대에 절실한 문제들을 바탕으로 한 새로운 창작극, 기존 작품에 대한 시대에 따른 과감한 재해석, 새로운 감성과 정신을 소유한 역량 있는 젊은 연출가의 등장이 지금 무엇보다 필요한 게 아닌가 하는 생각이다. 고인 물은 썩게 마련 아닌가. 기존의 대가나 중견들(?)도 새로이 밀고 올라오는 신진들을 통해서야 자극을 받고 발전하게 되리라. 전반적인 침체 분위기가 그저 아쉽기만 할 따름이다.

(문화저널: 문화시평, 2003년 5월호)

실패한 혁명가 허균의 이상과 현실:
극단 하늘의 뮤지컬 "땅과 새"

"땅과 새"는 이미 지난 4월의 제20회 전북연극제에서 최우수작품상을 수상하여 5월 22일 대구에서 열리는 전국연극제에도 대표로 참가하는 작품이다. 또한 극단 하늘과 극작가 김정수가 짝을 이룬 두 번째 창작 초연 작품이기도 한바, 그들 입장에서는 지지난해 『종이새』에 기울였던 노력까지도 함께 보상받은 결과라고도 할 수 있을 것이다. 연극제 기간에 불가피한 사정으로 작품을 관람하지 못했던 필자로서는 전국연극제 참가를 앞두고 다시 한 번 무대에 오르는 재공연의 기회가 몹시 반가운 것이기도 했다. 5월 9일의 두 번째 공연을 보았다.

객석의 불이 어두워지고 애잔한 음악이 흐르면서 무대 조명이 희미하게 밝아오면 모반이 발각되어 처형을 앞둔 '허균'의 마지막 심문 장면이다. 앙칼진 심문의 목소리와 고통스러운 신음, 허균과 그의 재능을 아꼈다는 '광해군'의 가시 돋친 설전. 그리고는 시간을 거슬러 올라가 허균의 삶의 연대기(?)가 순차적으로 펼쳐진다. 허균의 두 여인, 임진왜란 피난길에 난산 끝에 죽은 애정 깊은 아내 '김씨', 그리고 고통과 절망에 빠진 허균에게 삶의 위안이 되어준 기생 '낙빈'이 등장하고, 관아에서 호민론을 쓰고 있는 허균의 모습으로 이어진다. 마침 관아에 도적이 들어 그 괴수가 잡히는데 '홍지재'라 하는 인물이다. 그가 관아의 담을 넘게 된 사연을 들은 허균은 동정심과 함께 그에게 투영된 자신의 모습을 보게 되고 고민 끝에 자신의 단

도를 줌으로써 결과적으로 탈주를 돕게 된다. 탈옥했던 홍지재
는 며칠 후 친구인 '이부사'가 원님으로 있는 이웃 관아에 잡
히고, 다시 자기 관아로 데려오기는 하지만, 탈주와 단도의 출
처로 인하여 쏟아지는 질책을 모면하기는 어려운 지경이다. 이
어지는 장면은 '홍길동'과 그를 초조하게 기다리던 허균의 만
남과 논쟁 장면이다. (자신을 창조해낸?) 허균을 맹렬히 질타하
는 홍길동과 인간적(?) 고뇌에 빠진 허균의 대립, 그러나 결국
허균은 홍지재를 처형하고 만다. 광해군으로부터 경고의 메시
지를 받은 허균은 본격적으로 백성을 위한 개혁을 추진하게 되
는데, 홍길동은 허균이 지칠 때마다 자극을 주면서 개혁을 위
한 힘을 북돋우는 분신의 역할을 수행한다. 한편으로 홍길동과
낙빈은 두 사람 사이를 의심하여 찾아온 이부사를 동지로 만들
수 있겠다는 생각에 그에게 '홍길동전'을 보여준다. 허균은 나
라의 대대적인 개혁을 위해 광해군에게 장문의 상소를 올리나
별 반응을 얻지 못하고 실망한 나머지 결국 '모반'을 준비하게
된다. 홍길동과 그의 병사들을 이끌고 활빈당의 본거지에 모습
을 드러내는 허균. 그곳은 홍길동전의 배경인 동시에 허균이
모반을 도모하는 현실의 장이기도 하다. 교차되는 현실과 꿈...
그러나 꿈은 사라지고 다시 어두운 형장. 허균의 능지처참 형
이 거행되는 가운데 길고 긴 마지막 비명, 그리고 '희미하나 뽀
얀 달덩이 같은 꼬마 홍길동'의 웃고 있는 모습...

극작가 김정수는 이 작품이 단순한 허균의 일대기가 아니며,
홍길동전은 더 더욱 아니라고 한다. 시대를 불문하는 중요 화
두인 정치와 예술, "'이질적'"이지만 "사람, 당대의 민중이라는

매개체를 통해 소통을 갖는" 이 둘의 관계를 "시대적 고민 안에 담아 보고자 했다"고 자신의 의도를 피력한다. "실패한 혁명가 허균"과 "그가 남긴 홍길동전 사이"의 관계는 "정치라는 현실적 그림과 예술이라는 이상적 그림만큼의 거리감을 보여준다"는 것이다. 프로그램에 실린 글에서 그가 계속 말하듯이 '혁명을 꿈꾸는 많은 사람들' 중에 '어느 시기에나 그 중심이 되는 젊은이들'이 있고, 예술은 '그들이 꿈꾸는 혁명적 의지를 표출하는', '다분히 감성적인" 매체로서, "혁명과 예술, 이 각기 다른 색깔의 두 날개는 이렇게 상호보완적 한 쌍을 이루는 것"이라는 사실, 이 모두 부인할 수 없는 진리일 것이다.

이를테면 작품의 제목 "땅과 새"의 함의는 이렇다. " '땅'은 우리가 보듬고 살아가는 사람들의 세상이며, '새'는 꿈꾸는 한 사람, 혹은 그의 이상향'으로서 "끊임없이 갈등할 수밖에 없는 이상과 현실, 신념과 타협, 비상과 안주는 바로 우리를 둘러싸고 있는 현실"이라는 것이다. 그리고 그러한 점을 토대로 작가는 자신의 작품이 "조선을 배경으로 하고 있지만, 끊임없이 무엇인가를 꿈꾸는 젊은이들이 있는 한 현대극"이 될 수 있음을 설파하고 있다. 이 역시 이론이 제시되기 어려운 진실일 것이다. 무엇보다 역사발전을 믿고, 이상과 현실의 상호 대립과 갈등, 그리고 그 지양의 과정 속에서 지금 우리가 살고 있는 세상이, 홍길동이 건설했다고 하는 '율도국'은 아닐망정, 최소한 허균이 살던 봉건적 가부장적 사회체제를 벗어나 있음을 부정할 수 없다면 말이다. 사실 다른 한편에서 보자면 새삼스러울 것도 없는 주제가 아니라고 할 수 없을지도 모르겠다. 문제는 결국 이러한 의도가 작품의 공연을 통해서 얼마만큼 구체적으로 형상화되어 적절히 전달될 수 있었는가에 있을 것이다.

우선적으로 관심을 끌며, 또한 기발한 착상으로 평가될 수 있는 것은 극의 주인공 허균이 자신의 작품 속에서 그려낸 인물인 홍길동과 극 속에서 대면하여 토론하고 논쟁하며 마침내는 행동을 함께 하는 데에까지 이르게 된다는 것이다. 말하자면 극 속에서 허균은 '현실'의 인물이며 홍길동은 '꿈'의 인물이다. 이상과 현실의 괴리 속에서 "분열된 자아의 갈등"에 빠진 '불우한 천재' 허균은 그 때문인지 "도덕적인 가벼움"까지 지녀 경박하다는 평가마저 따르는 처지이니, '모순이 있을 수 없는 이상적인 인물' 홍길동으로부터 질책을 당하고 논박을 당해 마땅하다. 그러나 극적 진행 과정에서 둘 사이의 이러한 대립이 설득력 있게 적절히 형상화되고 있는지는 의문의 여지가 있다. 무엇보다 허구의 인물인 홍길동이 직접적으로 극적인 현실에 개입하여 마침내는 모반에 동참하는 것은, 꿈과 현실의 경계를 모호하게 하려는 극적 양식상의 의도가 있었다 할지라도, 허균과 홍길동이라는 두 인물간의 대립구도까지 모호하게 만들었다는 점에서는 수긍하기 어려운 부분이기도 하다. 같은 '현실 속의 인물'로서 광해군과의 대립구도도 좀 더 분명하게 하면 좋지 않을까? 오로지 군주와 신하의 대립만이 아닌 일종의 노선의 차이로서. 공연 초반이 가라앉은 분위기여서 관객의 집중력을 끌어 모으지 못한다는 아쉬움도 있고, 주요 배역의 인물 형상화와 연기력에도 미흡한 점이 엿보이며, 세트 디자인도 재고해볼 여지가 있어 보인다. 물론 사소한 것일 수도 있겠지만 때로는 그러한 것들이 전체적인 인상을 결정해버리기도 하는 것이다.

잔재주 부리지 않는 정극을 보고 나오는 발걸음이 가벼웠던 것도 참 오랜만이 아닐까 한다. 부디 좀 더 다듬어 전국연극제에서 좋은 성과 거두고, 희곡으로서도 한 장을 장식하는 작품이 되어주었으면 하는 마음이다.

(문화저널: 문화시평, 2004년 6월호)

쥐가 되어버린 사람들:
창작극회의 연극 "쥐"

어린 시절의 쥐에 관한 기억들... '쥐 잡는 날' 이 있었지. 잡은 쥐의 꼬리를 모아 제출하라는 학교 숙제도 있었고. 쥐 잡는 방법도 여러 가지 있었지만 그중 쥐약이 제일 나았어. 고양이나 강아지가 대신 먹고 죽어버리거나 자살용으로 사용되는 불상사도 벌어지긴 했지만, 쥐덫(쥐망)에 걸린 것들은 산 것을 쳐 죽일 수밖에 없었으니 말이지. 가장 소름끼치던 것은 '끈끈이'에 걸려 갖은 몸부림을 치던 쥐에 관한 기억이야. 그러고 보니 한밤중 구멍 뚫린 천장에서 이불 위로 떨어진 쥐를 잡으려고 온 식구가 동원되었던 일도 있었지. 창고에 쌓아놓은 땔감용 나뭇단 사이에 이파리로 깔개를 고이 만들고 죽어 '미이라' 가 된 쥐의 주검을 목도한 적도 있었어. 나뭇단을 다 치우자 도망도 못 친 새끼 쥐들이 꿈틀대던 것도 기억나는군. 쥐새끼도 새끼여서 그런지 나름대로 이쁜 구석도 없진 않았어... 지난 연말 창작극회의 연극 "쥐"를 보러가며 불쑥 떠오른 것들이다. 분명 쥐에 관한 연극일거라고 미루어 짐작해서 그랬을 것이다.

적어도 두 번은 속았다. 일부러(!) 사전지식 없이 자리에 앉은 나는 배우들의 분장을 보고 쥐를 의인화시켜 하는 이야기일 줄 알았다. 그런데 사람들 이야기이다. 낡은 사설 라디오 방송국을 운영하는 한 가족 이야기. 어머니와 큰아들, 며느리, 작은 아들과 딸, 이렇게 네 명이다. 난리 통에 홍수가 났는지 집안으로 스며드는 물을 지겹게 퍼내야 하고 먹을 것 구하기도 몹시 어렵다. 언제던가 자식들 장난감으로 토끼 두 마리를 구해온 적 있던 아버지는 다음 날 아침 그것들이 어머니 손에 '탕'이 되고 만 뒤 훌쩍 집을 나가버렸다. 출산 준비 중인 며느리의 아이는 그 씨가 큰아들의 것인지 작은아들의 것인지 모호하다. 나중에 임신 사실이 알려지는 딸의 경우도 매한가지. 작은아들과 딸이 구해 온 먹이라고 웬 어리버리한 녀석을 데리고 들어올 때 두 번째 속았다. 동물 역할을 사람이 하는 것이겠거니 했더니 진짜 사람(사내아이)이었다. 뒤통수가 서늘해졌다. 이 사람들, 사람을 잡아먹고는 한 술 더 뜬다. 행방불명된 아들을 찾아달라고 방송국을 찾아온 아이의 어머니에게 그걸 또 대접하는 것이다. 이 아주머니, 걸려도 참 잘 못 걸렸다. 굳이 붙잡아두려는 이들 가족의 만류를 뿌리치고 아들을 찾겠다고 나가려다, 어차피 피할 수도 없었겠지만, 이들의 살인(살해)의식의 제물이 되고 만다. 마지막에 작은아들과 딸은 나란히 누워 사랑을 속삭이면서, 극의 시작 즈음에 큰아들과 며느리가 나누던 대화를 똑같이 되풀이한다. 다른 두 사람은 어찌되었을까? … 공연 팸플릿에 실린 '줄거리'에는 사람 잡아먹는 이야기가 빠져졌다. 하기야 '스포일러'를 피하고 싶었을 테니.

대본을 읽어보니 공연 관람 시 무심히 지나쳤던 몇 가지 점들이 반추된다. 프롤로그처럼 기능하는 초두의 "희망의 소리, 라디오 파라다이스" 음악방송 멘트 중의 한 부분. "쥐! 그들은 우리들의 친구입니다. 우리들의 거울에 비친 상처죠." 결국 쥐나 다름없는, 또는 쥐가 되어버린 사람들 이야기… 이들에게서는 '아버지의 부재'가 현재의 삶을 초래한 주요인처럼 작용한다. "곧 근엄하되 책임질 줄 아는 사람만이 지니는 호칭", "그 주변에 언제나 풍성한 수확과 넉넉한 인심"이 있던, '먹 냄새 풍기는 방'에서 '책' 읽는 걸 좋아하던 아버지의 상실. 그 이후 형제가 나누던 '그 고상한 고담준론'도 종적을 감추고, "책이란 게 한그루 마른 나무만 못한 시대", 땔나무로 쓸 책이라도 남아있음을 다행으로 아는, 그저 '남루한 생'만이 남은 것이다. 그러니 '사람이 사람인 이유', '사랑, 뿌리, 믿음, 신념'도 이들에게는 '어머니'가 입에 발린 소리로 핏대 올리듯, 그저 수사로만, 혹은 기만의 도구로만 잔존하는 게 당연하리라. 입으로는 늘 '희망'을 말하지만 이들에게는 딸의 대사가 드러내주듯이 '앞날'에 대한 기대도 실상 없다. "물이 맨 날 차오르는데 왜 기를 쓰고 막으려는지 모르겠어요. 지금 막아도 내일이면 또 올라올 텐데."

그런데 이쯤 되면 이 작품이 과연 "(웃기는) 부조리극"일 수 있을까 싶어진다. 통상 "사건의 동기도 분명하지 않고, 또 인물의 행동도 잘 이해되는 것이 아닌" 부조리극과는 달리 이 작품은 '쥐가 된 인간'에 대한 너무도 직설적인(?) 은유가 아닌가 말이다. 어쩌면 '웃기는 잔혹극'이란 표현이 더 어울릴지도 모르겠다. 어쨌든 "주인공이 극심한 고통을 겪을 때에도 그것을 웃고 즐길 수 있게 된다"고 하는 점에서 '블랙유머'가 두드러진 것을 사실이다. 이것이 압권인 부분은 역시 '아이의 어머니'를 살해하며 추구하는 일종의 '살인의 미학'이다. 먹고 살기 바쁘지 않아 이른바 예술 활동을 "그 따위 짓"으로 폄하하지도 않을, "지금하곤 전혀 세상이 딴 판일지도"모를, 후세의 사람들이 이들 가족의 이야기를 노래하거나 글로 쓰게 될 수도, 연극이나 영화로 만들 수도 있음을 염두에 두고서 이들은 "격식"에 맞추어 살인의 의식을 거행하는 것이다. ("개 돼지를 잡을 때도 다 잡는 순서와 방법이 있는데").

창작극회의 이번 공연에서 배역을 맡은 배우들은 약간씩의 차이는 있지만 거개가 신진들이다. 그럼에도 서투르거나 어색한 점이 없이 모두가 무난히 역할들을 수행해낸 것으로 보인다. 다만 소극장 연극에 어울리게 대사의 강도를 조절하고 보다 섬세한 호흡을 이루어내었으면 좋았겠다. 깔끔하게 소품을 연출해낸 연출자의 능력도 높이 사주고 싶고 누구보다 뛰어난 배우 출신이니 앞날이 기대되는 신진들을 더 잘 담금질해낼 수 있을 것으로 보인다.

얼마 전부터이던가 가끔씩 머리를 스치던 '잡념'이 공연을 본 후 다시 한 번 떠올랐다. 지구를 지키기 위해 우선적으로 퇴출되어야 할 생명체가 있다면 그것은 아마도 - 쥐가 아니라 - 인간일지도 몰라...

(문화저널: 문화시평, 2007년 2월호)

우리 지역 연극이 '오아시스'가 되길 바라며:
제24회 전북연극제

제24회 전북연극제가 4월 16일부터 20일까지 '소리문화의 전당 연지홀'에서 열렸다. 제26회 전국연극제 예선을 겸한 이번 연극제 작품들을 보러 다니는 동안, 비록 주어진 일들 때문에 의무적으로 한 것이기도 하지만, 즐겁기도 하고 또 몰입하기도 했던 모양이다. 막이 내린 후 며칠 동안 글이 손에 잡히질 않았으니 말이다. 그것도 일종의 공허감이라면 '현장'을 떠난 후 참 오랜만에 느낀 것이기도 하다.

첫날 공연된 "극단 황토"의 "태"(오태석 작, 박병도 연출)는 그 원작의 명성이 이미 '현대의 고전'으로 칭해질 만한 작품이다. 1974년 초연된 이래 경향 각지에서 무수히 공연이 되었고, 최근에는 33년만의 개작과 함께 다시 국립극장무대에 오르기도 했다. "극단 황토"만 해도 이미 1987년 무대화하였고, 1988년에는 전국연극제에서 우수상을 수상했으며, 2006년에도 공연을 올린바 있다. 계유정난으로 정권을 잡은 수양대군이 조카인 단종의 왕위를 찬탈하는 사건이 배경인 이 작품에서 핵심은 물론 '권력의 광기와 폭력'에 대척점을 이루는 '끈질긴 생명의 존엄성'이다. 한편에는 권력과 생명의 비극적 갈등 속에서 시해당하는 운명을 면치 못하는 단종, 그리고 권력의 의지를 넘어서 종의 자식과 운명을 바꿔 생명의 끈을 이어가는 박중림의 증손자(박팽년의 손자)가 있고, 또 한편에는 상전 집안의 대를 잇게 하려고 자식의 목숨을 바친 박씨 집안 종부의 넋이 나간

울부짖음이 있다. 역사와 인간, 집단과 개인, 권력욕과 인간애, 혹은 탐욕과 도의 등의 대립과 갈등을 이처럼 짜임새 있게 독특한 표현방식과 성격묘사, 맛깔스러운 대사를 통해 형상화해 낸 작품도 흔치는 않을 것이다. 이 날의 "황토"의 공연은 작품 자체의 완성도에서는 탓할만한 게 눈에 띠지 않을 만큼 연출역 량이나, 배우들의 연기력, 무대의 시청각 요소들과 어우러지는 앙상블 등이 관극의 재미를 맘껏 느끼게 해주었다. 그런데 어 떨까. 전국 무대에 나간다면? 결국 '참신성' 이 관건이 될지도 모르겠다.

18일 공연된 "재인촌 우듬지" 의 "The Cat" (김영오 작, 연출)은 자칭 '스릴러 창작극' 을 표방하면서 미스터리(?) 서술구 조를 바탕으로 '거액의 유산을 놓고 벌어지는 한 집안 가족 구성원간의 암투' 를 다루고 있다. 문제는 이른바 '스릴' 이라 하 는 것이 극본에서 다루는 사건의 극적 개연성을 바탕으로, 이 야기의 짜임새, 인물들의 성격묘사에서 허점이 없고, 현장공연 을 통해서도 연기를 비롯한 제반 요소들을 적절히 활용하여 시 청각적으로 수준 높게 형상화되었을 때에 가능할 수 있으리라 는 것이다. 일일이 그 예를 거론하기에 지면이 부족하지만, 납 득하기 어려운 성격과 언행, 상황이 주는 '이해곤란함' 이 '스 릴' 이나 '미스터리' 등으로 포장될 수는 없을 테니 말이다. - 관 람 후 극본을 읽다보니 이런 '지문' 이 보인다: "어머니: (의사 를 바라보는 시선이 묘하다.{뭘 더 바래나! 연출의 능력과 배우 의 능력이다ㅠㅠ})". 아마도 인물 형상화가 연출과 배우의 힘으 로 완성되기를 기대한 듯한데, 이 작품은 작가와 연출가가 같은 사람이 아니었던가. 어쨌든 극본 자체에서 드러난 허점들은 공연을 통해서도 극복되지 못했다. 특정 장르를 시리즈로 창작하려는 시도 자체는 높이 평가하고 싶다. 연극제 경선 참가작이 아닌 자체 공연(혹은 '워크숍' 공연)이었다면 아마도 기꺼이 박수를 치고 싶은 마음이 들었을지도 모르겠다.

19일 아하아트홀에서 공연된 "극단 명태"의 "그 남자 그 여자"(장진 작, 오장렬 연출)는 이미 같은 극단이 "서툰 사람들"이라는 본디 제목으로 여러 차례 공연했던 작품이다. 다수에 걸친 공연경험은 한편으로는 이전 공연을 판박이처럼 '답습' 하지 않는 뭔가 새로운 해석을 가미해야 한다는 부담을 주기에 도리어 난점으로 작용하기도 할 것이다. 게다가 '재미있는 연극' 이라는 틀에 담는 극작가 장진의 메시지가 그리 "만만치 않은" 것도 사실이니 말이다. 중학교 영어교사와 그 집에 침입한 동갑내기 서툰 도둑이 하룻밤의 우여곡절 끝에 서로 마음을 열고 친구가 된다는 것인데, 도둑과 여교사의 이 같은 사랑(?)을 일회성의 해프닝이나 스캔들로 치부하지 않고, 상식을 뛰어넘어 인습의 탈을 벗고 허위의식을 깨치고서 받아들이려면 필요한 것이 무엇일까? 아마도 저도 몰래 고개가 끄덕여지는, '강요됨이 없이 자연스럽게 수긍하는 마음' 이 아닐까. 대단히 애석하게도 이번 공연을 보고서 이런 마음이 들기는 어려웠다. 과장된 연기와 불안한 극적 흐름은 '코미디' 와 '개그' 의 구분도 모호하게 한 측면이 없지 않으며, 연출의 의도와 인물해석력에도 머리를 갸웃하게 하였다. - 단 일회의 조그만 지하소극장 공연에 콩나물시루처럼 들어찬 관객들, 생각해보면 참으로 '착하기 이를 데 없는 우리의 관객들' 가운데 섞여 불현듯 '불이라도 나면 어쩌지' 걱정하며 극단의 처사를 속으로 비난한 나는 '나이 들어 비겁해진 초라한 중년'에 불과했을까?

20일 4시, "극단 사람세상"의 "고향역"(김영희 작, 최균 연출)을 보기 위해 군산사람세상소극장으로 갔다. 가난한 냄새 물씬 풍기는 소극장에 관객들도 많지 않았으나, "창단 10년 만의 자체 창작극", 그것도 "우리 지역의 이야기를 우리 손으로 써서 무대에 올릴 수 있다"는 감격과 자랑스러움 때문일까, 소극장 입구에서 마주친 얼굴 검은 연출자의 표정은 '할 수 있는 일 다 해놓고 하늘의 축복을 기다리는' 농부를 닮았다. 작품의 무대는 물론 군산이다. '선주 집 아들로 남부럽지 않게 살았으나 풍랑으로 아버지와 형제를 잃고 어머니가 하는 포장마차로 연명하던 기철이. 처지를 한탄하며 술에 빠져 살던 그는 사랑하는 여인 혜숙에게 홀어머니를 맡기고는 돈 벌어 오겠다는 일념으로 군산을 떠난다.' '악극'을 표방하고 있듯이 결말은 물론 '해피엔딩'이다. 기철은 돌아오고, 쓰러졌던 어머니도 정신이 돌아오고, 도시는 새로운 발전의 기대에 활력이 넘치고, 두 연인의 앞날을 밝아 보이는 것이다. 작품의 규모에 비해 무대가 너무 협소했고, 가창력에 있어 안정되지 못한 부분도 있는 등 아쉬움도 없지 않았으나 전반적으로는 기내이상의 선전(?)이라 평가된다. 무엇보다 연기의 기초가 닦인 배우들의 고른 연기가 이루는 앙상블이 좋았고, 오락성 짙은 악극임에도 과장하지 않는 표현, 진지한 자세를 높이 사주고 싶은 마음이다.

같은 날 7시 30분 연지홀에서 공연된 "문화영토 판"의

"Time over"(송유억 작, 정진권 연출)는 이 지역출신 신진작가의 창작극이라는 점에서 우선 기대를 모았던 작품이다. 내용을 압축 요약해보면 대략 이렇다. '이러저러한 이유로, 사고로 혹은 자살로, 죽음을 맞이한 이들이 저승사자의 인도를 받아 저승과 이승의 중간지역인 명부로 모여들고, 이들 중 자신의 죽음을 인정할 수 없는 사람들의 항변에 재판관은 이들의 이승행, 즉 다시 살게 해주는 조건으로 자살자의 시도를 막으라는 임무를 부여하지만, 당연히 이들은 임무를 달성하지 못한다. 정해진 운명은 거스를 수 없는 것이니.' - 그런데 왜 '된장남'과 자살한 여학생은 살려 보내지? 일관성이 없는 것인가, 아님 고차원의 유머일까? - 작가가 말하고 싶은 것이 있다면 결국 단 한번 주어지는 소중한 삶의 시간을 소비적으로 흘려보내지 말고 뭔가 의미 있는 것이 될 수 있도록 하라는 것일 것이다. 너무 속 드러나 보이는 주제일까? 설익은 감이 없지 않으나, 경쾌하고 발랄한 대사와 극적 흐름은 일면 공연을 보는 재미를 더해주었던 것도 사실이긴 하다. 그러나 대사와 몸짓, 상황에서의 지나친 희화화는 내재되어 있는 메시지의 의미를 곱씹기 어렵게 만들었고, 무선마이크를 비롯한 음향과 조명 등 무대기술에 지나치게 의존하여 연기자들의 대사와 노래가 잘 전달되지 못한 문제점을 보인 것은 결과적으로 공연상의 결정적 약점으로 남을 수밖에 없었다.

경박함과 경쾌함의 차이를 모르고, 아마추어리즘과 프로페셔널리즘의 장단점도 헤아릴 줄 모르는 얼치기 연예인 같은 연극인들이 넘쳐나는 시대에 그래도 희망의 끈을 놓지 못하게 하는 게 있다면, 동시대에 필요한 메시지를 동시대에 어울리는 틀에 담고자 밤을 새워 노심초사 고민하고 노력하는 사람들에 대한 기대일 것이다. 우리 지역의 연극이 끝이 보이지 않는 사막에 선인장으로 살아남는 걸 넘어서 나무들 울창한 오아시스가 되기를 마음 깊이 바란다.

(문화저널: 문화시평, 2008년 5월호)

II

문풍지 틈새로,
혹은 뜰에 나와 달 쳐다보기

— 연극에 관련된 글

II 문풍지 틈새로, 혹은 뜰에 나와 달 쳐다보기

― 연극에 관련된 글

「지방무대 살리기」 실질노력 기대:
연극협회 이사장 선거

한국 연극협회 제16대 이사장 선거가 끝났다. 이번 선거가 뜻밖에(?) 연극인들의 많은 관심을 모았던 데는 아마도 여러 요인이 있을 것이다. 협회 이사장이라는 자리는 원로중의 한분이 맡는 것이 당연시되어 왔던 것이 사실이다. 이런 통념을 깨고 중견 내지는 소장에 속하는 손진책씨가 원로 권오일씨에 맞서 출마한 것이 우선 그 귀추를 주목하게 만든 게 아닌가 싶다.

TV에 출연, 토론을 벌인 만큼 달아올랐던 선거는 근소한 표차로 권 후보가 당선됨으로써 막을 내렸다. 선거 후, 소감을 말하면서 당선자는 손 후보를 지지한 많은 표를 『짐으로 느끼고』『개혁을 바라는 연극인들의 바람을 수용하겠다』고 했다고 한다.

국외자인 필자로서는 선거 과정의 실제가 어떠했는지 잘 알 수 없다. 다만 그간 보도된 내용을 중심으로 다음과 같은 점을 짚어보고자 한다. 첫째, 대통령 선거를 연상시킬 만큼 보수와 개혁이라는 구호가 내걸린 협회 이사장 선거는 결국은 보수라는 큰 틀 안에서 치러진 것이 아닌가 한다. 손 후보가 연극협회의 개혁을 추구하는 입장을 부각시켰다면 그 개혁은 결국 「연극협회」와 「민족극운동협의회」의 발전적 통합을 지향하는 데로 나아갔어야 하기 때문이다. 권 후보가, TV에 나와 개혁을 안 하겠다는 것은 아니라고 했을 때, 이미 상호간의 입장 차이는 뚜렷이 정리되었어야 했다. 함께 연극을 하는 연극인들이 두 단체로 나뉘어 있는 실정에 처해 보수적 입장이 『연극계의 화합과 유대』를 내세우고 개혁적 입장이 『협회 운영의 민주화』만을 내거는 것은 결국 「화합」이나 「민주화」 어느 쪽도 실현키 어려운 공약(空約)으로 만들지나 않을까 우려된다.

다음으로 권 후보의 공약 중에 「연극인들 잘 살기」, 「지방연극 살리기」운동 전개가 있다. 연극인들의 권익 옹호, 혹은 생존권 확보는 실상 누가 후보로 나오거나 내걸만한 공약임이 현실이다. 그리고 마땅히 실현되어야 할 점이라는 데에도 이론의 여지가 없다. 굳이 이 문제를 여기서 거론하는 것은 지역연극과 관련해서 이 문제의 해결 가능성을 짚어보기 위해서이다. 지방연극인들은 사실 서울의 연극인들 보다 더더욱 생활이 어렵다. TV, 영화 등으로 연극인들의 활동영역을 확대한다는데, 지금도 서울의 연극인들에게는 어느 정도 길이 열려 있다. 지방 TV에서는 자체 드라마 한편 제작치 않는 마당에, 지방연극에서 단련된 우수한 인력이 오히려 서울로 유입되는 결과를 낳지 않으려 한다면, 모든 문제를 서울과 각 지역을 동등한 토대에서 놓고 생각해야 할 것이다.

또한 「지방연극 살리기」운동으로 몇 가지를 제안하고 있다. 중앙집중식 연극협회의 이사장 당선자의 공약에 덧붙여 제안하고 싶은 것이 있다. 서울과 각 지역 극단 간의 교류 문제이다. 서울에서 웬만큼 성공을 거둔 작품이 지방순회공연을 하는 경우, 물론 내세우는 의도는 순수하다. 연극관람 기회가 적은 지방관객의 예술적 욕구를 충족시켜주기 위해서다. 그러나 지방관객들의 여유 없는 주머니를 털어갈 뿐만 아니라 지방 연극의 설 자리를 더더욱 좁혀놓기도 한다. 모든 면에서 지방연극이 서울연극과 경쟁하기 어려운 이때 무분별하게 지방공연을 기획하기 보다는 서울과 지역극단의 합동공연을 추진하는 방안이 상호간에 보다 발전적일 수 있다고 생각한다. 우수한 지방연극의 서울공연도 똑같은 맥락에서 생각될 수 있겠다.

우리 사회는 문화 예술적으로 변혁의 도상에 있다. 연극은 지금까지 그랬듯이 기술문명에 기반하고 있는 보다 현대적인 장르에 맞서 자신의 위치를 고수해야 될 뿐만 아니라, 현재의 문화적 충격들을 흡수, 소화, 발전시켜야 할 막중한 사명을 부여 받고 있다. 연령, 이념, 지역 등 모든 다양한 측면을 포괄해야 할 연극협회의 역할도 따라서 막중하다. 새 연극협회장의 적극적 노력을 기대해 본다.

(전북일보: 문화시평, 1989년 1월 31일)

마당극 연출가이자 판소리꾼인 임진택 씨의 평론집이 "민중
연희의 창조"라는 이름으로 창작과 비평사에서 나왔다. 이 책
은 7, 80년대 민중연희운동의 전개과정에 대한 증언이자, 이론
적, 실천적 성과를 담고 있다는 점에서 그 의의가 크다 하겠다.

이 책은 크게 네 부분으로 구성되어 있으며, 각각 "마당극
의 이론과 실천", "판소리의 현재적 전망", "민속연희의 재조
명", "문화시평 모음"이라는 표제를 달고서, 발표시기가 다른
개별적인 평론들을 순차적으로 각 부분에 배치해놓고 있다. 개
별 평론들은 세부적으로는 차별성을 보이나 전반적으로는 공
통의 맥락을 갖고 있다고 볼 수 있다. 다만 발표연대 순으로
읽음으로써 얻을 수 있는 소득은 각 분야에 대한 견해와 인식
의 추이, 이론과 실천의 심화 과정 등을 추적해볼 수 있다는
점일 것이다.

제1부에는 마당극(마당굿)에 관한 다분히 이론적인 성향의
글들인 "새로운 연극을 위하여"(1980), "마당극에서 마당굿으
로"(1982), "80년대 연희예술운동의 전개"(1990)를 축으로,
사이사이에 실천적 기록이라고 할 수 있을 '연출단상들'이 수
록되어 있다. 이 제1부에 속한 글들은 본 서평의 필자가 전체
책 중 가장 꼼꼼히 읽어본 것들이다. 무엇보다 그동안 마당극
(마당굿)에 관한 이론적인 글들을 거의 읽지 않았기에 이 기회
를 빌려 정리해보려는 의도가 강했고, 다른 한편으로는 필자

자신 젊은 시절을 거쳐 온 그 기간 동안의 문화 예술의 궤적이 자연스럽게 재구성되는 느낌을 받기도 하였기 때문이다. 제2부에는 판소리가 옛 전통유산으로서가 아니라, 오늘날 활동하는 양식일 때에만 가치 있는 것이라는 저자의 주장을 바탕으로 한 이론적인 글들과 창작판소리 연행에 관련된 글들이 실려 있으며, 제3부에는 우리의 민속연희에 내재된 세계관과 미의식을 생명사상(김지하)에 입각해 추출해보고자 하는 글들이 수록되어 있다. 제4부는 언뜻 볼 때는 떨어진 이삭을 주은 듯한 느낌을 주지만, 읽기 편하면서도 우리의 문화상황을 의미 깊게 집어볼 수 있는 좋은 글들이 많다.

전반적으로, 다 읽고 난 후에 떠올리게 되는 것은, 책의 저자인 임진택이라고 하는 인물의 민족, 민중에 대한 애정, 그것을 위한 생산적으로 투쟁적인 예술의 실천 등이 압도하는 느낌으로 다가왔다는 점이다. 다만 특별히 서평자 본인의 관심 분야인 연극 쪽과 연관되기도 하므로, 제1부에 실린 마당극(마당굿)에 관한 글들을 읽고서 생각된 점들을 몇 가지 이야기해보고자 한다.

우선, 생각을 정리하기 위해 마당극(마당굿)에 대한 그의 견해를 요약해보자. 그는 마당극을 궁극적으로 민족적 리얼리즘을 추구하기 위해, 탈춤 양식과 시사적인 내용이 결합한 것으로 정의하고 있다. 따라서 마당극은, 그 명칭이 줄 수 있는 오해에도 불구하고, 양식상의 개념만이 아닌, 이념과 형식이 결합된 개념이라고 한다. 마당극은 민족, 민중, 민주운동과 연계된 문화운동이라는 차원에서 그 배경이 이해되어야 하는바, 전통 민속극의 현대적 계승과 재창조, 민중적 미의식의 재발견등이 모토로 설정될 수 있다는 것이다. 이러한 관점에서 그는 오해의 소지가 많은 마당극이라는 용어를 좁은 의미의 그것으로 국한시키면서, 보다 포괄적인 견지에서 마당굿이라는 개념을 제안한다. 그가 말하는 '마당굿'에는 2가지 기본정신과 4가지 본질적 성격이 있다. 놀이정신과 마당정신이 기본정신이며, 상황적 진실성, 집단적 신명성, 현장적 운동성, 민중적 전형성이 본질적 성격으로, 이것들은 바로 마당굿의 사회, 문화적 기능과 표현상의 성과를 추출하는 분석, 평가의 준거가 될 수 있다는 것이다. 그는 무엇보다 '마당굿적 상황'이라고 하는 것을 중요시하고 있는바, 이는 '민중적 쟁점을 굿거리화한 극적 알기'를 포함하고 있다. 따라서 마당굿의 성패 여부도 그것이 '정치집회와 문화공연을 탁월한 차원에서 통일해내면서, 공동체 집단의 염원을 하나로 결집하는 대동굿적 성격'을 띠고 있느냐에 달려 있게 된다는 것이다. 같은 맥락에서 그는 '집회와 행사'의 결합의 중요성을 말하고 있기도 하다.

이 모든 이론적 견해들은 그 뚜렷한 현실 참여적 맥락에서 정당성이 입증되며, 따라서 지속적으로 민중연희패들의 활동에 강력한 영향을 끼쳐 왔다. 또한 그것들은 그의 오랜 기간의 실천 과정을 거치며 검증되고, 수정 보완되고, 또 확장 심화되어 온 것이기에, 오로지 이론만을 말하는 이론가가 개진하는 이론이 따를 수 없는 생명력과 설득력을 갖고 있다. 그럼에도 다른 한편으로는, 그 스스로 인정하고 다짐하듯이, 완성된 것이라고 볼 수는 없기에 아직 이론적 완결성이 떨어지는 것도 사실이다.

몇 가지만 제기해보자. '마당'을 일터이자 쉼터, 놀이터이자 싸움터로 정의하는 것은 감명 깊다. 그러나 '배움터'로서의 기능도 최소한 부가되어야 하지 않을까? - 물론 113쪽을 보면 이러한 측면이 상당히 부각된다. - 그런데 '집단적 신명성'은 공동체 의식을 불러일으키는 데는 더없는 것이겠지만, 다른 한편으로는 변혁에 기여해야 하는 예술이 오히려 스트레스해소라는 역기능을 발휘하게 하는 것은 아닐까? (야밤의 프로야구 경기를 한편의 드라마로 칭하려는 사람들도 있다.) 다음으로, 연희예술의 기본 밑반찬이 '살아있는 인물의 구체적인 삶의 모습'이어야 한다는 견해에는 전적으로 동감한다. 그러나 마당극(마당굿)이 추구하는 형식의 단순성, 등장인물의 유형(전형)화, (예술형식의 감량을 수반하는) 예술의 생활, 현장화라는 틀에서 그러한 살아있는, 구체적인 인간의 삶을 어느 정도까지 그려낼 수 있을까? "80년대 연희예술운동의 전개" 끝에서 저자가 마당굿을 탈춤패의 몫으로 넘기고, 연극패들에게는 민족극의 한 부문으로서의 비판적 리얼리즘, 변증법적인 연극에 기여하도록 제안하는 것은 위와 같은 문제점에 기인하는 것인가? 문제는 결국 저자 스스로 명제화시켰듯이 '전통문화의 창조적 계승과 서구문화의 비판적 수용'이며, 그것이 발전과 변화를 추구하는 바람직한 변증법적 자세일 것인데, 현 시대의 예술은 변화된(혹은 다소 서구화된) 현시대인의 생활 감정, 미의식, 정서를 고려해야 하지 않을까?

이러한 소박한 의문들을 제기하는 것과 관련해서 덧붙일 말이 있다. 고백컨대, 사실 이 책에 대해 서평을 써달라는 "문화저널"의 제의를 무심코 수락하고서 책을 훑어 읽어가기 시작하다가 서평자는 곧 경박한 자신을 질책하고 말았다. 머리에 떠오르는 최초의 생각이 '과연 내가 이 책의 서평자로서 적합한가' 하는 것이었기 때문이다. 서평이란 대개 그 해당 분야에서 책을 쓴 사람과 최소한 동등한 수준에는 도달해 있는 사람이 써야 제격일 것이며, 더욱이 평론(집)에 대한 평은 일종의 '비평에 대한 비평'으로서 그 분야에 대한 애정과 아울러, 고도의 전문적 지식과 식견이 요구된다고 할 것이다. 그런데 서평을 써야하는 본인으로 말할 것 같으면, 실상 민중연희 전반에 대한 애정은 갖고 있으면서도, 그에 대한 지식과 체험은 기껏 애호자의 수준을 넘지 못하고 있을 뿐만 아니라, 다른 한편으로는 우리의 민중연희와는 반립명제인 외국문학 전공자로서, 실천적 연극 활동에 있어서조차 시초부터 지금까지 거의 완벽히 무대연극에 편향(?)되어 왔던 것이다. 따라서 이러한 사람이 책의 저자에게는 유용하고도 생산적인 비평인 동시에, 독자들에게는 효율적이고도 정확한 독서지침으로도 가능할 수 있을 그런 서평을 과연 쓸 수 있을지 별 자신 없어하면서도, 어쩌면 잘 모르는 사람의 저돌적인 언사가 혹 가다가는 창조적인 자극을 매개해줄지도 모른다고 스스로를 위안하면서 두서없이 몇 마디 적어본 것이다.

참으로 암울했던 7, 80년대, 민중연희에 대한 뜨거운 애정을 바탕으로, 연희예술운동을 사회운동의 한 부문으로 정착시키면서, 그 불씨이자 불쏘시개 역할을 스스로 떠맡아 이제 늦게도 한 권의, 그러나 그 무게가 어느 책에도 비기기 어려운 결

실을 맺은 저자에게 경의를 표하며, 관심 있는 분들의 일독을
권한다.

(문화저널: 서평, 1991년 5월호)

작금의 시대적인 추세를 보면 전 세계는 가히 문화전쟁의 시대에 접어들었다고도 하겠다. 그리고 결국 여기 이 시점에서 여러 난관과 시련을 극복하고, 자신의 문화적 정체성을 지키는 것을 넘어서, 그것을 널리 알리고 소통시키는 데 성공함으로써 그 세계적인 입지를 튼실하게 확보하는 민족만이 민족으로서 존립 가능할 것이라는 점에도 거의 이론의 여지가 있을 수 없을 것이다. 이러한 정황에 비추어, 어느 나라를 막론하고 국제적인 스포츠 행사는 이미 전래의 국한된 의미를 넘어 자신들의 문화적인 역량을 널리 홍보하고 과시하기 위한 목적으로 활용되고 있다는 것도 주지의 사실이다. 스포츠 행사 자체가 하나의 강력한 시장성을 지닌 상품이 되었을 뿐 아니라, 이에 따르는 부수적인 정치, 경제, 문화적인 효과는 실상 상상을 초월할 정도가 되어 있어, 역설적이게도 스포츠 행사가 실지로는 다른 목적을 위한 수단이 되어버린 지 오래인 것이다. 한일 간의 격렬한 월드컵 축구대회 유치 경쟁이 극명히 드러내 보여주는 이러한 인식들을 우리는 무엇보다 이미 우리에게 주어진 다른 기회들도 역시 일말의 후회도 남지 않도록 철저히 활용해야 한다는 마음다짐의 밑거름으로 삼아야 할 듯싶다.

다가오는 '97 전주, 무주 동계 U대회는 물론 대회의 성격상 몇 가지 제한적 측면이 있는 게 사실이다. 대학생 체육행사라는 점과 동계대회라는 점이 그것일 것이다. 그러나 이 대회가 우리 지역에서 개최된다는 점에서 특히 우리 지역민들에게는 더욱 더 그렇지만, 보다 더 나은 기회를 위한 준비와 연습의 과정으로 삼을 수 있다는 점에서도 결코 그 의미와 무게가 감소될 수 없다. 다른 한편으로 전 국가적으로는 이미 올림픽 개최 국가로서 외부로부터 우리에게 주어지는 요구와 기대지평을 일정정도 충족시켜주지 않으면 안 되는 입장에 처해 있을 뿐만 아니라, 지방자치 시대를 맞아 대내외적 경쟁 국면에 접어든 우리 지역민들에게는 이번 기회를 우리 지역의 발전을 위한 계기로 삼아야 한다는 과제가 부과된 셈이다. 무엇보다 이 지역의 문화, 예술의 독특한 특성과 정체성, 그 역량과 소통 가능성을 확실히 심어주어야 할 것이며, 또한 그 뛰어난 자연풍광에 대한 인식도 새로이 만듦으로써 문화 예술과 자연풍광 양자 모두를 지속적인 국가적, 세계적 관광 상품으로 개발해야 할 것이다. 가장 민족적(지역적)인 것이 가장 세계적인 것이라고 이미 괴테가 설파한 적 있지만, 대한민국에서 전통 문화 예술을 논할 때 누가 감히 이 지역을 첫 손에 꼽지 않을 것이며, 네 개의 국립공원을 갖고 있는 곳이 전라북도 말고 또 있던가. 그러나 다른 한편으로 우리는 과연 이러한 자산을 제대로 활용하고 개발해왔던가. 이러한 점들을 우리 모두는 두루 살피며 재음미해봐야 할 것이다.

그러므로 다가오는 U대회의 문화 예술 행사는 가능한 한 다양한 종류를 망라해야 할 것이며, 또한 가능한 한 큰 규모로 치러야 할 것이다 (물론 '가능한 한'이라는 단서를 계속 붙일 수밖에 없다). 그리고 그것이 널리 알려질 수 있어야 투자한 만큼, 혹은 그 이상의 결실을 바라볼 수 있을 테니, 홍보에도 엄청난 노력을 기울여야 할 것이다. 일반론적인 이야기를 대략 이 지점에서 마무리하면서, 본인은 여기서 본인의 관심분야를 중심으로 구체적인 행사에 대한 제안을 하고자 한다. 예술행사의 종류에 있어서 공연예술과 전시예술이 함께 적절히 조화되어야 하겠지만, 가능하면 공연예술 쪽에 무게를 두어 기획했으면 한다. 전시예술이 직접적인 방문에서 그 효과를 기대할 수 있는데 비해 우리 지역의 관광객 유치에 있어서의 흡인력과 여건은 아직은 여러모로 부족한 점이 많다고 생각하지 때문이다. 그와 비교해볼 때, 공연예술은 TV를 비롯한 대량전달매체의 힘을 빌어서 직접적인 전달과 파급력을 상정해 볼 수 있고, 그를 통해서 지속적인 방문객 유인의 동기로 작용할 수 있을 것이다. 물론 이러한 제안은 그것이 예술 장르에 대한 편견에서 오는 게 아니므로, 여러 측면에서 다양하게 검토되면서 검증되어야 할 것이 분명하다.

　보다 더 좁은 의미에서의 본인의 관심영역과 관련해서 공연예술의 한 장르로서 연극축전을 개최했으면 하고 바라고 싶다. 주지하다시피 연극예술은 전통적으로 건축과 더불어 한 시대, 한 국가와 지역의 문화를 가늠해볼 수 있는 척도로서 오랜 옛날부터 기능해왔다. 그것은 무엇보다 연극예술이 가지는 공동체적 제의의 형식으로서의 그 유래, 또 그에 필수적으로 따르는 사회적인 소통기능에 기인할 뿐만 아니라, 그 본질상 종합적이고 총체적인 성격을 통해서 여러 개별적인 예술(춤과 노래, 음악 등의 공연예술 및 문학과 미술 등의 정적인 예술까지)

의 특성을 한데 어우를 수 있는 예술적 장르이기 때문이다. 또한 가지 간과하면 안 되는 것은 그 현장성이다. 연극은 그 시점의 그 곳에서의 공연을 전제로 하며, 직접적으로 관객들의 반응을 끌어내는 동시에 그 영향력을 일정정도 반영할 수밖에 없는 예술이다. 따라서 U대회라고 하는 스포츠대회의 특성과 걸맞게 역동적이고도 직접적인 효과를 끌어내는데 이보다 적절한 예술형식도 없다고 할 수 있겠다. 이러한 점들을 전제로 좀 더 본인의 제안을 구체화해본다. 연극축전이 기획된다면, 우선은 U대회가 대학생들과 청년 세대 중심의 대회라는 점에 비추어 그 성격과 주제가 정해지는 것이 좋을 것이므로 그것이 '세계(국제) 대학생 연극축전'이라는 타이틀을 붙일 수도 있을 것이다. 혹은 조금 더 범위를 좁히어서 '동아시아(혹은 베세토) 연극축전'이 될 수도 있겠고, 조금 더 예산의 문제를 고려한다면 '대한민국 대학생 연극축전'이라도 개최할 수 있을 것이다. 그리고 이 지역의 대학생 단체뿐만 아니라, 기성 연극단체들까지 축하공연의 형태로 동참한다면, 연극 예술의 직접적인 영향력과 파급력에 비추어 볼 때, 결코 무시하기 어려운 성과를 가져올 수 있으리라 생각이 된다. 물론 각 참가 단체와 작품의 선정에 있어서는 각 국가와 지역의 문화적 환경과 특성이 고려되어야 할 것이며, 선달가능성의 보편화를 고려하여 연극양식의 일정한 유도(예를 들어 실험적 양식과 기법)도 필요할지 모르겠다. 당연히 이러한 점들은 전문 기획자를 조직화하고, 한국연극협회 및 이 지역의 협회, 대학연극협의회 등의 실무자들과 실제 연극인들의 의견을 종합하는 과정에서 구체적으로 그

갈래가 잡힐 수 있을 것이며, 또 그러한 과정을 거칠 수밖에 없을 것이다.

그러나 문제는 그것이 어떤 행사이든 마찬가지이겠고, 생각의 차이도 있을 수도 있겠지만, 결코 충분한 시간은 남아 있지 않다는 것이다. 결론적으로 제안해보고 싶은 것은 그러므로 '97 전주 무주 동계 U대회의 문화예술 축제의 종류와 규모를 논하기 위한 우선적인 전제조건으로서의 조속한 실무 기구의 구성과 역할의 활성화이다.

(제76호 "노령" 기획특집: '97 전주, 무주 U대회의 문화예술 행사)

연극이란 무엇인가?

– 연극의 본질과 기능

그것이 무엇이든 그 본질에 대한 질문만큼 답하기 어려운 것은 없다. 많은 이들은 '인생은 연극'이라고 하고, 다른 이들은 '연극은 인생'이라고도 하며, 또 어떤 사람들은 '인생은 인생이고 연극은 연극'일 뿐이라고 말한다. 인생이 연극이라는 견해는 '놀이하는 인간'(homo ludens)으로 인간을 이해하는 데서 출발하며, 연극의 기원이 인간의 유희본능에 있다고 하는 주장과도 연결된다. 물론 옳은 말이다. 무엇보다 이점은 '놀이', 'Play', 'Spiel', '유(遊)', '희(戱)' 같은 용어들이 각 나라에서 연극적 행위를 나타내는 말로 쓰인다는 점에서 밝혀진다. 그러나 차이가 없지는 않다. 인생이라는 연극에는 각본이 없거나, 혹은 아무도 미리 읽고 연습해볼 수 없다는 것이다.

연극이 인생이라는 견해는 연극이 우리가 매일 매일 살아가는 삶과 가장 가까운 예술이라는 점에 바탕을 두고 있는 듯하다. 연극은 인간의 경험과 행동을 주제로 삼을 뿐 아니라 우선적인 표현수단으로 살아있는 인간(배우)을 활용한다. 또한 연극은 순간성과 일회성, 생활의 한 장면처럼 구성되는 그 수단의 복잡성 때문에도 우리의 삶과 아주 닮아 있다. 그러나 연극이 다른 모든 예술처럼 하나의 예술로서 기본적으로 허구에 바탕을 두고 있다는 점도 부인할 수 없다. 무대현실이 아무리 생생하다고 해도 현실 그 자체는 아니기에 우리는 "자발적 불신 중단"을 통해 심미적 거리와 감정이입, 즉 관심과 격리라는 이 중감각을 동시에 가지고서 연극을 관람하는 것이다.

삶이 그 무엇을 위한 수단이랄 수 없는 반면, 연극은 우리가 자신의 삶과 세계를 이해하기 위해 찾아낸 가장 효과적인 수단이자 도구 중의 하나이다. 다른 모든 예술이 그렇듯이 연극이란 인간과 세계를 통찰하며 인식할 수 있게 해주는 어떤 모형들을 발견하고 기록하는 한 방법이다. 역사와 철학, 과학처럼 지식의 한 형식이지만, 심미적 정서와 상상력, 그리고 지성에 동시에 호소한다는 점에서 이들과 구분되는 것이다. 브로케트에 의하면 연극을 통해서 우리는 매일 매일의 싸움에서 솟아나와 인간의 경험을 "신의 눈"으로 바라볼 수 있게 된다. 이점에서 '연극Theatre'의 어원이 '보는 곳seeing place'이라는 사실은 시사해주는 점이 많다. 그렇다면 인생은 인생이고 연극은 연극이라는 명제가 그저 냉소적인 것으로 들리지만은 않을지도 모른다. 하지만 그것은 아마도 적절히 쓰면 약이 되고 남용하면 해가 되는 그런 약재와도 같은 게 아닐까.

연극예술은 기본적으로 사회적인 예술로서 '의사소통(커뮤니케이션)'을 위한 매체이다. 연극은 선사시대의 제례의식에서 유래한다고 하는데, 본디 이 시기에는 예술과 삶(사회적 생산)이 구분될 수 없을 만큼 밀접한 관계를 맺고 있었다. 사냥이나 곡물생산 등 여러 생산영역에서의 다산성을 기원하기 위해 그들은 종교적 제례의식을 통해서 그 어떤 초월적인 힘, 신적인 존재와의 소통을 추구했던 것이다. 이러한 의식은 하나의 사회적인 행위로서 공동체 구성원들의 결집된 힘(원활한 의사소통)과 공동체 의식이 없이는 거행될 수 없다. 이러한 측면에서 우리는 이미 연극공연에 필요한 대부분의 요소들(공연 공간, 연기자들, 가면과 분장, 의상, 음악, 춤과 관객)이 한데 어우러지던 그러한 행사마당을 연극예술의 원형으로 상정해볼 수 있는 것이다. 역사적인 발전과정에 따라 연극예술도 분화되어가며 특성화되는 과정을 밟게 되었지만 인간관계를 기본 틀로 하는 '집단적 의사소통 매체'로서의 그 기능은 오늘날에도 전혀 변하지 않았다고 할 수 있다. 왜냐하면 바로 그 점이 연극예술의 존립근거이자 존재이유니까 말이다.

연극은 무엇으로 이루어지는가?
- 연극의 특성과 제작과정, 장르

연극의 특성은 흔히 그것이 종합예술이라고 칭해지듯 아주 복잡, 다양하다는 점에서 찾아볼 수 있다. 종합적인 특성은 제작과정에서도 드러나며, 시청각적 요소를 한데 아우르는 그 예술적 속성에서도 나타난다. 혼자서 연극행위를 한다는 것은 애초 불가능하며, 문학과 음악, 무용, 미술 등 여러 예술적인 장르가 연극 속에 총체적으로 통합되는 것이다. 나아가서 연극은 가장 즉시적이며, 직접적인 현장예술로서 그 특성은 오늘날의 영화와 같은 영상매체의 특성과 비교할 때 뚜렷이 드러난다. 가장 중요한 차이는 무엇보다 그 복제불가능성, 연극적 경험의 입체성, 연기자와 관객 사이의 끊임없는 상호작용이다. 연극예술은 살아있는 배우와 관객이 동시에 현장에 존재함으로써 보다 강렬한 감각적 경험을 서로 나눌 수 있게 해주는 것이다. 물론 연극예술이 갖는 이러한 여러 특성들은 바로 연극의 강점인 동시에 약점이 될 수도 있다.

주지하다시피 연극을 구성하는 3대 기본요소는 배우, 무대, 관객이다. 여기서는 오스카 브로케트가 말한 다음의 요소들에 따라 제작과정을 살펴보기로 한다. 즉, 공연되는 것(대본, 시나리오, 혹은 계획), 공연(준비 및 발표에 개입되는 모든 과정을 포함), 상품(처음 두 요소의 결합체), 그리고 관객(관객의 문제는 다음 장에서 이야기해보자.).

좋은 공연을 올리기 위해서 반드시 글로 쓰인 대본이나 대화가 있어야 된다는 법은 없다. 더욱이 오늘날의 연극은 언어 중심의 문학적인 희곡보다는 공연 자체(육체언어, 팬터마임, 춤 등의 시각적 효과와 음악과 음향 등의 청각기교)에 더 무게 중심을 두고서 거기서 연극적 정체성을 찾으려 애쓰고 있기도 하다. 그러나 모든 공연이 어떤 형태로든 사전에 설정된 계획을 따르고 있다는 것도 사실이다. 따라서 쓰여 있는 대본(희곡)은 독립된 하나의 문학형식으로 간주될 수도 있는 동시에 연극의 기초이기도 하다. 특히 연극사에 접할 때 그것이 거의 희곡사라고 할 만큼 희곡의 중요성이 강조될 수밖에 없는 것은 과거의 연극을 알게 해주는 직접적인 기록으로서 전해 내려오는 것이 희곡 밖에 없기 때문이다. 이런 의미에서 희곡대본은 연극예술의 과거와 현재를 이어주는 교량과도 같다. 우리는 흔히 현재를 이해하고 미래를 전망하기 위해서는 먼저 과거를 돌이켜 봐야한다고들 한다. 그것이 사실이라면 오늘날의 연극을 이해하기 위해서는 희곡문학(드라마)의 전통에 대한 이해 역시 불가결한 것일지도 모른다.

공연에 이르기까지의 과정은 계획을 실현시키는 과정으로 많은 사람들의 협력과 창조적인 노력이 필요하다. 이를테면 작가, 배우, 연출가, 장치가, 안무가, 작곡 및 연주자, 제작 및 기획업무 종사자 등. 연극은 본디 배우의 예술이며, 연기자들은 지금도 여전히 연극의 중심을 이룬다. 최초의 시기에는 모든 예술적인 기능(극작, 연출 및 연기)을 배우가 수행했으나 극장과 무대 메커니즘이 발달됨에 따라 여러 전문영역이 분화되면서 전문가들이 등장하게 된 것이다. 배우와 극작가가 맨 먼저 분화되었는데, 이들은 상호 독립적이면서도 필연적으로 상호보완적인 관계에 있다. 연출자는 여러 배우들이 역할, 대사, 또는 대본의 해석에 대해서, 그리고 무대상의 위치와 활동에 대해서 갖는 이견들을 중재할 필요성에 의해 대두되었다. 그러나 연출자는 단순히 중재자일 뿐만 아니라, 연극의 여러 요소를 통합하여 공연을 하나의 전체로서 시청각적으로 형상화하며, 관객에게 공연의 통일된 인상을 효과적으로 주는 방법을 찾아내는 책임도 아울러 맡는다. 오늘날에는 연출가와 아울러 예술감독과 드라마투르그(문학자문)의 기능이 중요시되기도 한다. 공연을 구성하는 여러 요소들 중 시각적인 배경은 무대장치가, 안무가, 조명 및 의상 디자이너, 분장사들의 몫이며, 청각적인 요소는 작곡가, 연주자, 음향디자이너들의 몫이다. 이들은 각자의 영역에서 대본을 해석하여 그 정신과 분위기를 공연을 통해서 시청각적으로 구현해주는 역할을 한다.

이러한 과정을 거쳐서 생겨나는 산물을 상품으로 칭할 것이냐, 혹은 작품이라 부를 것이냐 하는 문제는 그리 단순치가 않다. 그것은 대중오락으로서의 연극과 예술형식으로서의 연극이라는 양분논리를 대변하고 있기 때문이다. 연극은 여흥(재미)을 줘야 하는가, 혹은 교훈(지식)을 줘야 하는가. 또는 유용성과 순수성 중에 어느 쪽을 편들 것인가 하는 해묵은 논쟁을 되살리는 것이기도 하다. 이러한 대립구조는 별로 바람직한 것이 아니다. 음식에 비추어보자면 셀 수없이 많은 음식 중에 각자 좋아하는 음식이 있기 마련이며, 때로는 그때마다 취사선택의 자유라는 것도 있을 수 있으니까. 그렇지만 보기에도 좋고 맛도 좋으며 영양도 풍부한 음식이 언제든 가장 많이 선택받게 될 것은 분명하다. 양에서 질로 넘어가는 법칙도 역시 연극이라고 예외는 아니다.

일일이 이름 들기가 불가능할 정도로 연극의 장르는 다양하다. 그것은 연극이 다루고자 하는 인간과 세계가 그만큼 복잡다양하기도 하지만, 연극행위 자체가 조직되는 방법과 도달하려는 목표가 제각기 다르다는 점에도 기인할 것이다. 다음과 같은 명칭들은 그저 이에 대한 참고사항에 불과할 뿐이다. 즉 비극과 희극, 그리고 희비극. 고전극과 현대극. 정통극과 실험극. 심리극과 사회극. 정극과 뮤지컬, 소인극, 일인극, 무언극, 가면극과 인형극. 성인극과 청소년연극, 어린이극과 주부연극. 대극장연극과 소극장연극. 무대극과 거리연극, 마당극. 개방적 양식의 연극과 폐쇄 양식의 연극, 그리고 서사연극.

연극으로 무엇을 할 것인가?
– 현대연극의 도전과 관객의 역할

무엇 때문에 우리는 연극에 관심을 갖는가? 더욱 더 개별화되는 존재와 삶, 말초적 쾌락과 인스턴트적 소비관념이 전면적으로 지배하는 소아병적 개인주의의 시대, 불감증의 시대에 연극을 그리워하는 이들은 무슨 꿈을 꾸고 있을까? 오늘날 연극의 위기를 말한다면 그것은 인간관계의 위기, 공동체적 삶의 위기를 말하는 것에 다름 아니다. 그런 의미에서 만남과 대화, 의사소통을 추구하는 연극은 '집단적 자의식'의 발로이자, 공동으로 체험하는 '분노'이며, '유토피아'의 추구이다. 미래적 관점에서 더불어 사는 삶의 문제를 다루는 연극은 다람쥐 쳇바퀴 돌듯 돌아가는 일상현실에 함몰된 우리에게 인생의 시간적 공간적 한계를 넘어서는 경험을 줌으로써 '보다 더 나은 삶'을 꿈꿀 수 있게 해주는 것이다.

대량생산과 대량복제, 그리고 대량전달이 지배하는 시대에 소규모 전달매체인 연극은 실제로 시대에 어울리지 않는 수공업 제품이라 할 만하다. 그러나 위기는 동시에 기회를 제공해주기도 한다. 비효율적인 것으로 평가 절하되는 요소였던 연극의 현장성은 새롭고도 다양한 공동체적 관계가 추구되는 미래 사회의 중요한 문화적 형태도 자리매김 될 수도 있는 것이다. 현대연극은 이러한 새로운 현실에 대응하기 위한 새로운 방법을 찾고, 궁극적으로는 새로운 연극의 창작원리를 개발하려는 연극적 실험이라 할 수 있다. 현대 실험연극은 희곡문학(드라마)의 전통보다는 공연행위 자체에 더 무게를 두며, 새로운 상

상력의 원천을 삶과 예술이 분리되지 않았던 원시예술과 제3
세계의 전통예술에서 찾았다. 주된 실천적 관심은 관객과의 만
남에 있어 어떻게 하면 관객의 일상성을 깨고 공연의 세계에
어우러지게 할 것인가 하는 문제에 집중되어 있다. 그런데 '새
로운 것, 익숙하지 않은 어떤 것'과의 만남이란 것이 일상성을
파괴하는 양식, 기존의 것을 해체하고 재구성하는 양식이 창조
될 때 비로소 이루어질 수 있는 것이므로 공연양식의 다양화와
공연공간의 확장 등 관객을 만나는 새로운 방법이 개발될 수밖
에 없는 것이다

결국 가장 중요한 것은 연극에 없으면 안 되는 요소, 즉 관
객의 역할이다. 하나의 집단으로서 집단적 경험을 공유하기 위
해 공연장에 모이는 관객은 다만 재정적인 견지에서 공연에 영
향을 끼치는 것만은 아니다. 배우와 관객은 벗어날 수 없는 심
리적 정서적 상호관계와 상호작용을 통해서 비로소 공연 자체
의 성립을 가능하게 한다. 영화관객과 연극관객의 본질적인 차
이는 이점에 있다. 그로토스키 같은 현대연극의 거장이 연극의
본질을 '같은 공간 안에 살아있는 배우와 관객의 동시적 관계'
에서 찾았듯이 관객은 연극공연의 관찰자인 동시에 구성자이
기도 한 것이다. 그러나 어떤 관객이 과연 좋은 관객인가? 익숙
해질 대로 익숙해진 관습과 제도, 뿌리 깊은 편견과 확신, 고정
관념을 과감히 떨칠 수 있는 사람, 그것이 옳다고 여겨질 때 과
감히 변화에 자신을 열 수 있는 사람이 아닐까? 연극의 역사는
기존 관습과 관행에 대한 도전과 타파의 역사이다.

(우주의 신비와 생활의 조화, 전북대학교 사회교육원, 1996. 12. 10)

작품과 나:
세 번의 만남 - "마라/사드"

1979년 9월, 내 이름으로 올라간 나의 첫 연극 연출작("보이체크") 프로그램에 실린 이른바 '연출의 글'을 보니 당시 나는 거기에 이런 구절을 적어놓았다.

"어느 순간 우리는 어떤 의문도 필요치 않는 최고의 상태를 겪는다. ... 수없는 불면의 밤을 지새우면서도 깨닫지 못했던 진실이, 아름다움이 마치 예감과도 같이 뇌리를 스쳐나갈 때 그것을 고정시키는 작업은 그러나 수많은 패배의 잔해를 바닥에 깔고서야 가능한 일이다. 적어도 우리가 괴로워해야 할 일은 순간에 스쳐가는 영원을 볼 수 없음이 아니라, 그것을 붙잡을 패배의 토대를 만들지 못한 것이어야 한다. ... "

과연 그럴까? 그럴지도 모른다. 벌써 16년 전, 20대 중반 청년 문학도의 다소 현학적이고 미학주의적인 언사 중에도 쓸 만한 것은 남아 있을 것이다. 그러나 그 시절 이후 나는 지난 일을 기억해내기를 몹시도 꺼리는 습성을 몸에 지니고 살았으며, 일기라는 것을 쓴 적도 거의 없다. 아마도 삶에서 '어떤 의문도 필요치 않는 최고의 상태'를 겪어본 적도, '예감처럼 뇌리를 스치는 진실과 아름다움'을 붙잡을 '패배의 토대'를 쌓아온 적도 없기 때문인지도 모르겠다. 그런 참에 그 많은 시간이 흘러버린 후, 다른 것도 아닌 연극, 잠시 무대 위에 올랐다가 금새 무로 돌아가 버리는 그 '순간의 예술'과 관련된 일들을 다시금 머릿속에 떠올리려는 것은 적지 않은 에너지를 요하는 일인 듯싶다. 무엇보다 그 일이 깜깜한 머릿속 영사막에 조각난 슬라이드처럼 불연속적으로만 투영되었다가 바로 꺼져버리는 그런 기억의 파편들을 애써 엮어 짜 맞추기를 요구하니 말이다.

전주시립극단의 제16회 정기공연 작품인 "마라/사드"의 연출을 맡아 공연했던 것은 1991년 3월초, 벌써 꼭 4년이 되어가는 일이다. 그전에 이미 두 차례 그 작품과 씨름을 했던 전력이 있으니 모두 세 번에 걸쳐 "마라/사드"와의 만남이 있었던 셈이다. 돌아보건대 시기적으로도 "마라/사드"는 마치 잊을만하면 나타나 괴롭히는 첫사랑처럼 불현듯 눈앞에 솟아올라 몸과 마음을 쇠진시켰고, 기묘하게도 나의 연극이력이 거쳐 나온 세 영역에 고루 출몰하기도 하였다. 인연치고는 질긴 인연이라고나 할까.

첫 만남은 나의 첫 연출이 있던 다음 해인 1980년 봄, 독문학도들 중심의 극단 '프라이에뷔네'에서였다. 일컬어 '서울의 봄'이라던 그 시절, 목전의 좌절을 못 보았던 것일까, 아니면 그래서 더 초조했던 것일까, 시위의 물결은 한참 일렁이고 있는데, 차기 공연의 연출을 맡은 극단 동기 녀석이 "마라/사드"를 들고 나선 것이다. 내노라 하던 극단 선배들, 그리고 나 역시 욕심만 부리다 여러 여건상 미루어 두고 말았던 작품을 감히... 그게 시국에 편승한 것인지 진정한 용기인지 그 당시는 어쨌든 중요하지 않았다. 다만 석사논문을 빌미로 한걸음 물러나 잔소리만 하던 내가 급작스레 연습 중 군대에 끌려간(?) 후배 녀석의 대타로, 작품 한복판으로 진입할 수밖에 없게 되었다는 사실이 나에겐 중요해졌다. 본디 "샤랑통 정신병원 극단이 사드 씨의 연출로 공연한 장 폴 마라의 박해와 살해"라는 긴 제목을 가진 작품은 대본에서 받았던 섬쩍한 인상 그 이상으로 짜릿했다. 그러나 그렇게 타오르던 그 열기의 결말은 허무했다. 결국 정세의 급변으로 공연 사정은 어려워졌고, 버팀목이 되어주길 기대했던 독일문화원 당국도 꼬리를 내려버렸다. 하릴없이 비공개 자체공연으로 타협을 하고서도 공연을 끝낸 단원들은 야반도주하듯 마음 졸이며 독일문화원 강당을 삼삼오오 도망쳐 나올 수밖에 없었다. 후암동 골목 허름한 술집에 모여 비분강개하듯 기울이던 술잔도 지금 생각하면 그게 다 무슨 소용... 연극의 가장 중요한 요소 중 하나인 관객도 없이 메아리 없는 외침을 마스터베이션했으니. 그러나 돌이켜 보면 80년 6월, 그 시절이 어떤 시절이던가. 그래도 그 덕분에 살아남았질 않은가. 씁쓸한 추억의 여운만 남는다.

두 번째 만남은 전북대 독문과에서 이루어졌다. 세월은 7년이 흘러, 사랑하는 사람과 본의 아니게 맺어지지 못하고서도 은근히 그 사람조차 미워지기 시작해지는 그만큼이 되었을지도 모르겠다. 학과의 5회 연극 연출을 맡은 학생(김남제)이 연구실로 찾아와 대본 몇 권을 빌려가더니, 하필 "마라/사드"를 골라 공연하겠다고 나섰다. 말려 보긴 했으나 거진 막무가내였다. 때는 바야흐로 87년 6월 항쟁이 서서히 무르익어가던 시절, 그 의지를 만용을 빌미삼아 말려본들 뭣하랴. 그 이후 공연되기까지의 과정은 연출자와 참여 학생들뿐만 아니라, 작품을, 내 애인을 도리 없이 붙여준 꼴이 되고 만(?) 나에게도 엄청난 인고의 시간들이었다. 몇 십 명의 배우들과 스탭들, 그 뜨거운 여름 내내 온종일 계속되던 연습. 아무래도 이해하기 힘든 점은 그 당시 그들을 그렇게 꿋꿋하게 만들었던 힘의 원천이 무엇이었던가 하는 것이다. 어쨌든 감히 예술회관 무대까지 진출했던 공연은 대성공이었다. 나로서도 대한민국의 어느 대학생 연극단체가 이만큼 하랴 싶었고, 뉴욕 무대에 눈이 익은 영문과 김교수께서도 극찬을 연발해댔으니 말이다. 그러나 공식적으로는 숨어 있는 존재일 수밖에 없어서였을까? 연인의 결혼식장에서처럼, 맘속의 작은 빈 구석으로 파고드는 바람은 웃고 떠들면서도 의외로 차가왔다.

그래서였을지 모른다. 1991년 초 전주시립극단에서 소위 상임연출을 맡고 있던 내가 직접 연출할 때가 되지 않았느냐는 단원들의 요구를 "마라/사드"를 조건으로 수락하고 만 것은. 89년 가을 "카라 부인의 무기"를 끝내고는 직접 연출한 게 없기는 했지만 내 개인적으로는 몹시도 어려웠던 때였다. 마감 기한에 겨우 맞추어 박사논문을 마무리한 시점에서 나는 심신이 파김치가 되어 있었다. 이런 몸과 마음으로 내 구원의 연인을 다시 만나야 한다니. 그래도 어줍지 않은 것들 보다야 나쁘지 않겠지. 그리고 지금 시국 돌아가는 판이라니. 오락가락하는 심정에서 진행한 연습은 필경 그리 순탄치 않았다. 학생들과 할 때처럼 일사불란이란 이미 불가능했음에도 아기 아빠까지 긴 배우들을 단체 기합까지 줬으니 말이다. 배역은 따지고 보면 여건상 최상이었을지 모른다. 마라(홍석찬)와 사드(장제혁), 해설자(전춘근)와 루우(안동철), 뒤뻬레(조민철), 그리고

가수와 환자 역을 맡았던 배우들, 무대감독과 미술(안상철), 작곡(류장영)과 조명(양문섭) 등 당시 최강의 진용이었고, 지금도 배우만 28명, 총 40명이 참여하는 그러한 팀 구성은 쉽지 않으리라 생각된다. 다만 꼬르데이만이 배역선정에서도 우여곡절이 있었듯 힘겨워했고, 끝까지 마라 살해 후의 젖가슴 노출은 엄두도 내지 못했다. 의외로 홍보 부족으로 파장도 성에 차지 못했고, 종내는 공연 후 얻고만 병의 치료에 일 년여를 보냈을망정, 나에게 위안이 되는 것이 남아 있다면 군산의 권선생님이 던져 준 격려가 아닐까 한다. 전주 연극이 십년은 앞서 가고 있다고 하는, 가슴 떨리는 그 말. 따지고 보면 나 자신도 그 여건에서 더 이상의 성과를 바랄 수는 없는 정도였다. 그러나 그것도 녹화 비디오가 실종해버렸기에 오히려 그러한 아우라를 지속시킬 수 있는 것은 혹 아닌지.

실상 "마라/사드"는 그리 손쉬운 작품이 아니다. 주제와 기법, 내용과 형식, 모두가 서구 연극 전통의 진수와 백미를 포괄하고 있을 뿐 아니라 그 방대한 규모로 하여, 연극으로 제작하기도, 관객의 이해를 얻기도 몹시 어렵다. 더욱이 그 정치적 참여성이 주는 외적 제약은 말할 것 없으리. 수태 공연되는 외국에 비해 우리나라에서는 내노라는 서울의 어느 극단에서도 아직껏 막을 올리지 못하고 있는 것이 따라서 우연은 아니나. 그러나 아마도 내가 이 작품에 질긴 애착을 갖고 있다면 바로 그런 점 때문이 아닐까. 어느 연인이든 쉽게 다가와 금새 속까지 열어 보인다면 좀 싱거워지기 마련일 테니 말이다. 십 수 년의 세월에 걸쳐 세 차례 만남이 있는 나로서도 대할 때마다 그간

미지 상태로 남았던 점들을 겨우겨우 조금씩 알아 가게 된다. 문풍지 틈새로 보는 달, 뜨락에 서서 보는 달, 그리고 산정에 올라 바라보는 달의 느낌에 관한 이야기가 그때마다 이해할 수 있을 듯도 싶어지는 것이다. 그리하여 아직까지도 남아있는 나의 찬바람 불어오는 빈 구석에 대한 충분한 변명의 이유를 나는 언제든지 내세울 수도 있을 것이다.

지나간 연극작업들을 돌아보면 '어려움' 이라는 단어 밖에는 떠오르지 않는다. 여럿이 함께 하는 작업에서 인간관계의 어려움, 이념과 실제의 괴리가 주는 어려움, 연구와 연출 작업을 병행해야 하는 어려움, 이해받기 어려움. 아마도 한참을 나열할 수 있을지도 모른다. 인간과 세계, 그 무한도의 넓이와 깊이, 끊임없이 당면하는 한계와 좌절 … 대체 한편의 작품, 한 순간 눈앞에 보이고 들려졌다가는 곧 사라져버리는 공연이 무엇을 할 수 있는가. '뇌리를 스치는 진실과 아름다움' 을 얽어 맬 '패배의 토대' 는 언제까지 쌓아가야 하는가. 난감할 뿐이다.

(문화저널: 작품과 나, 1995년 3월호)

III

찬바람 불어오는 나의 빈 구석

— 95/96 겨울시즌 베를린 연극기행

III 찬바람 불어오는 나의 빈 구석

― 95/96 겨울시즌 베를린 연극기행

1996년 1월 4일 목요일 흐림

도착인사를 드려야겠다 싶어 뮌헨으로 임 선생님께 전화를 드렸더니 대뜸 하이너 뮐러의 사망소식을 들었느냐는 말씀부터 하신다. 베를린 앙상블에서 뮐러 애도행사의 일환으로 그의 생일인 1월 9일까지 공연 후에 낭독회가 열린다는 정보를 여행사 미스터 '이'에게서 듣다.

저녁에 윤 교수님과 약속된 폴크스뷔네(Volksbühne)의 공연을 보러 갔다. 윤 교수님은 한국 I.T.I.(국제극예술협회 한국본부)에서 발급한 프레스 카드를 가지고 와서 표 값을 절감하고 있다고 하시는데, 평론 활동 실적이 있고, 회원 세 명의 추천을 받아야 얻을 수 있는 카드라고 한다. 나이도 들어가고 신분상으로도 이제는 학생증 빌려 표 값 절약한다는 일이 궁색한 기분을 떨치기 어렵게 하기도 하니, 번거롭더라도 알아볼 만한 가치는 있겠다.

폴크스뷔네(극단 라텐Ratten)의 "레온세와 레나(Leonce und Lena)":

라텐 극단의 일곱 번째 무대인 "레온세와 레나"는 1837년 에 24세의 나이로 요절한 천재적인 극작가 게오르크 뷔히너의 희극(Lustspiel)을 실험적이고 도전적인 방식으로, 이른바 '개 작 혹은 각색(Bearbeitung)' 한 작품이었다. 극단이 노숙자 (Obdachlosen)들을 구성원으로 하여 결성되었다고 하니 '쥐 (새끼)들' 이라는 뜻의 극단 이름이 갖는 함의를 미루어 짐작하 고도 남겠고, 따라서, 역시 그 이름도 시사해주듯이, 극장 설립 이후 전통적으로 '민중' 적인 토대를 강조한다고 하는 폴크스뷔 네 극장(3층 실험무대)에서 공연이 된 것도 이유가 없지 않았 을 것이다.

무대공간은 거의 텅 비어 있었는데, 뒷면에 밝은 색 가설 장 막을 쳐서 등, 퇴장 시 적절히 이용했고, 장면마다 최소한으로 필요한 대, 소도구를 효율적으로 사용했다. 원래 공간의 출입 구와 창문, 객석도 등, 퇴장과 일단의 연기(이를테면 '경찰 장 면')를 위해 유효하게 활용하였다. 의상과 분장은 거의 현대화 시켜 작품과의 시간적인 거리감을 없앴으며, 음악과 음향도 현 대적이었다. 특히 기억에 남는 것은 '남쪽나라를 꿈꾸는 부분' (뒷막이 열리고, 벽에는 이탈리아를 연상시키는 남쪽의 해변반 도를 그린 액자가 걸려 있었다)에서의 음악과 안무, 스펙터클 의 현대화, 그리고 피자상자의 패러디 같은 활용이었다.

전반적으로 현재의 시점에서의 재해석이라는 개작(혹은 각색)의 진면목을 실감케 한 작품이었다. 서막 - 인물들이 대도구를 들고 들어와 각자의 자세로 드러눕는 - 이 있긴 했지만, '폐터 왕 장면'이 맨 앞에 위치함으로써 삶의 현재적 규정성, 즉 우매한 지배자들과 그 기생충들의 관료적 통제, 그리고 그것이 초래하는 무기력과 권태가 눈에 두드러지게 되고. 따라서 원작 초반부에 나오는 왕자 레온세의 파격적, 일탈적 언행이 설득력을 얻게 된다. '로제타 장면'의 적절한 현대화 역시 흥미로웠다. 무엇보다 관심을 끈 것은 발레리오라는 인물의 철저한 재해석이었다. 그는 원작과는 다른 뉘앙스로 다른 역할을 수행한 것으로 보인다. 결국 상업적인 목적으로 표피적인 일탈을 부추기면서 종내는 기존 체제의 유지에 공헌하는 일종의 고단수 장사꾼(?)으로 설정되었다고 보아 무방하다 싶다.

탈출시도가 '규정된 운명의 굴레로의 복귀'로 마무리되는 게오르크 뷔히너 원작의 줄거리 구조는 기본적으로 변함이 없다. 체제, 그리고 그것이 규정하는 삶의 틀을 벗어나려는 시도의 좌절은 어쩌면 원작자의 시대에서보다 현시점에서 훨씬 더 명약관화한 일일지도 모른다. 도리어 현대에 들어서는 세대를 막론하고 되풀이되는 표피적인 탈출(또는 일탈)의 몸부림이 자본주의 체제의 상업적 자본의 이용대상으로서 의도적으로(?) 부추겨지는 것일지도 모른다. 그 어떤 가상적인 차별화를 보여준다고 하더라도 본질적으로 그것은 정해진 테두리 내에서 허용되는 일탈과 방종, 또는 파격 이상이 될 수 없으며, 물적인 소비와 자아소모의 극대화 속에서 알든 모르든 기존의 체제를 더욱 확고하게 다져주는 길을 따라 갈 수밖에 없을 것이다.

결국 공연 작품이 말하고자 하는 일차적인 것은 이처럼 '비
좁고 답답하고 우매한 현실' 일진대, 이에 순응하고 살지 못하
면서 그렇다고 벗어날 수도 없는, 몸부림을 치고 기를 써 봐도
다람쥐 쳇바퀴 돌듯 삶을 부지할 수밖에 없는 미약한 인간들은
그러한 '삶의 어쩔 수 없음' 에 대해 대체 무얼 할 수 있을까?
그것이 현실에 대한 냉소에서든, 아니면 원작자인 뷔히너가 말
하던 '체념(Entsagung, Resignation)' 의 의미에서든, 그렇다
면 역시 우리에게 남아있는 것은 작품의 주인공처럼 인생을,
혹은 현실을 장난감(Spielzeug)으로 갖고 노는, 그런 유희의
가능성 밖에 없는 것일까? - 어쩌면 뷔히너는 밀란 쿤데라의 위
대한 선배인지도 모르겠다. "불멸" 에서 쿤데라가 말하지 않았
던가. 자기가 동의하지 않는 세상에서 살아갈 수 있는 방법. 인
간으로서 신의 컴퓨터를 거부할 수 있었던 두 가지 방법(사랑
혹은 수도원)도 이미 불가능하게 되어버린 현대에 남은 마지막
가능성. 그것이 곧 '유희' 라고 말이다. 인생에서 참으로 견딜
수 없는 것은 '존재' 한다는 것이 아니라, '자신의 자아로 존재'
한다는 것이라고도 했지.

　뷔히너는 그의 첫 작품인 "당통의 죽음(Dantons Tod)" 에
서도 이미, 주어진 운명의 굴레에 매인 채, 역사의 수레바퀴 아
래서, '알 수 없는 힘' 이 이끄는 대로 '꼭두각시' 노릇을 할 수
밖에 없는 인간의 가련한 삶에 대해서 보다 더 진지한 자세로
다룬바 있었다. 프랑스 혁명의 주역들 가운데 하나였지만, 거
센 혁명의 소용돌이에 아무런 저항력도 없이 자신을 내맡길 수
밖에 없는 처지가 되어버린 '당통' 의 대사 중 하나는 지금도

인상 깊게 기억이 된다. 그는 실상 혁명의 순탄한 성공에 대해 회의적이었으면서도 그 '혁명'을 일으키는데 주역으로 참여했던 이유에 대해 질문 받자 이렇게 말했던 것 같다. '내 천성대로 했던 게지(Meine Natur war einmal so)'. 속된 표현으로는 '꼴리는 대로 했다'는 것이다. 그래야 직성이 풀릴 테니까. 말하자면 그것이 그에게는 가장 자연스러운 행동이었던 셈이다. 그렇다면 그것은 '고차원적인 체념'이자 어쩌면 '가장 차원 높은 단계의 놀이'의 방식이 아니었을까? 어차피 '운명의 사슬'을 벗어나지 못할 바에야 그저 '마음이 내키는 대로' 하는 것이 그래도 가장 마음 편하지 않겠는가 말이다. 의식을 갖고 있으면서도 의식하지 않는, 의도가 있으면서도 그것에서 자유로운, 그러한 '진정한 유희'의 경지. 불교에서 말하는 '해탈'이 혹 이것이 아닐까?

현실을 보여준다는 것은 그 자체로도 의미가 있을 수 있다. 꼭 해결책을 제시해야 되는 것은 아니리라. 오늘의 공연이 노숙자들로 이루어진 극단이 올린 작품이라는 점에서도 여러모로 생각거리가 쌓인 것 같다. 우리의 답답한 현실도 그렇지만, 우리 연극의 답답한 현실이 더더욱 마음을 무겁게 하는 공연이었다.

공연이 끝난 후, 초(Zoo)역 앞의 카페에서 윤 교수님과 그의 후배인 L과 자정 무렵까지 이러저러한 이야기를 나누며 맥주를 마셨다. 우리네 삶의 현실과 한국인, 특히 지식인들의 위선과 이중성 문제가 어딜 가도 빠지지 않는 안주처럼 다시금 화제에 올랐다. 문제는 지식인이 아니라, 모순적이고 이중적인 지식인 아류들이다. 모순이 또 다른 모순을 낳는 데 머물 뿐, 전혀 그 어떤 발전의 동력으로도 작용하지 않는 그런 속물들. 다시금 '당통'의 대사가 결부된다. '그런 인간들은 가면이 얼굴에 너무 꽉 붙어버려서 가면을 벗으려면 얼굴의 살가죽도 같이 벗겨야 한다니까.'

오전 H와 통화. "지하철 1호선(Linie1)"의 표가 매진이 되어 당장은 보기 어렵고, 어차피 폴란드에서 친구가 찾아오기로 해서 같이 가기도 어렵게 되었다고 한다. 다행히 윤 교수님이 전화를 하시더니 오후에 에르크너(Erkner)에 있는 하우프트만-박물관(Hauptmann-Museum)에 다녀올 것이며, 저녁에는 도이체스 테아터(Deutsches Theater)에 갈 것인데, 동행할 의사가 있으면 같이 가자고 하신다. 호의가 고마워 선뜻 따라나서기로 했다.

하우프트만-박물관과 하이너 뮐러-낭독회: |

에르크너는 베를린 동쪽으로 꽤 긴 시간을 도시 철도(S-Bahn)를 타고 가야 했다. 왕복하는 길에서 우왕좌왕하던 일화도 있었으나, 그 덕분에 눈요기도 하고 산책도 할 수 있었던 크지 않고 조용한 소읍이 마음에 들었다. 윤 교수님이 사진도 찍어주셨고, 집에 써서 부쳐볼 요량으로 그림엽서를 몇 장 샀다.

하우프트만-박물관에서 느낀 것이라면, 지금도 쉽사리 그 자취 지워지지 않는 것이 이상하지 않을 만큼, 당대의 게르하르트 하우프트만의 활약이 엄청난 것이었고, 따라서 연극사적으로도 그 의미가 뚜렷이 남으리라는 사실이다. 기회 닿는 대로 그의 작품도 읽고, 더 많은 지식들을 가지려 노력하고픈 생각도 들었다. 시대성이 농후할 그의 작품은 역사성의 굴레에 갇히고 말까, 아니면 현 시대에도 재해석하고 각색하기에 따라서 충분히 통할 수 있을 소재들을 품고 있는 것일까.

돌아오는 차 안에서 들은 이야기 중 압권은 하이너 뮐러가 사망한 다음날에 롤프 호흐후트가 베를린-앙상블(Berliner Ensemble)에 전화를 걸어 뮐러가 가지고 있던 지분을 살 수 없느냐고 물었다는 것과 이에 대해 몇몇 신문에 짧은 가십 기사가 실렸다는 것. 지분매입으로 뮐러가 맡던 총감독(Intendant) 자리를 과연 물려받을 수 있을지도 의문이지만, 그의 사망 다음 날이라니. 오래 사는 자가 결국은 이긴다는 것을 시위해보이고 싶었을까? 그냥 웃어넘기고 말기엔 어쩐지 찝찝한 여운이 남는 이야기였다.

5시 조금 넘어서 베를린-앙상블에 들르니 하이너 뮐러-낭독회(Lesung)가 열리고 있었다. 내가 독일의 어느 극장보다도 더 많이 찾았던 이 곳. 피카소가 그린, 독수리 발톱을 가진 '싸울 줄 아는 평화의 비둘기(die streitbare Friedenstaube)' 를 무대 막에 장식해놓은 이 역사적인 극장 건물의 입구와 내부 낭독회장의 뒷벽에 커다랗게 걸린 검은색 상장(喪章). 건물 밖으로는 확성기를 통해 - 얼핏 듣기로, 일평생 동안 결코 비겁한 적이 없었다고 하는 - 뮐러의 삶에 관한 평가가 방송되고, 홀 안에서는 누군가 진지하고도 또박또박 그의 작품을 낭송하는 목소리. 홀 안과 밖 통로에 앉아서, 또는 서서 진지하게 경청하는 참석자들. 눈자위가 붉게 물들어 있거나 눈물이 곧 쏟아질 것처럼 슬픈, 울먹거리는 표정의 젊은이들. 특히 대학생인 것 같은 몇몇 여자애들이 풍기는 우울함이 인상적이었다. 문득 떠오른 부질없는 생각. 우리는 어떨까? 어떤 위대한 (극)작가의

죽음을 맞아 우리의 청춘들도 이 같은 반응을 보여줄까? 예단
키는 어려운 일이다. 그리고 무뚝뚝하기 이를 데 없어 보이는
독일인들 중에, 특히 서민층에는 정말 우리보다 덜 달아빠지다
못해 순수(?)해 보이는 사람들이 많은 것도 내 경험상 사실이
긴 하다.

도이체스 테아터로 가려던 예정을 바꾸어 현매창구
(Abendkasse)에서 반값에 "아르투로 우이(Arturo Ui)"의 표
를 구입했다. 원래는 "푼틸라(Puntila)" 공연이 예정되어 있었
으나 그 공연의 배우가 몸이 아프다고 하여 갑작스레 이 공연
으로 교체된 것이다. 하이너 뮐러 최후의 연출작이자 매진사태
에 한 달을 기다려도 못 볼지 모르는 공연인데 이 웬 행운이냐,
당신은 며칠 뒤에 하는 공연을 이미 예매를 해놓았으니 혼자서
라도 먼저 보는 게 좋겠다며 윤 교수님이 강권(?)하다시피 하
여 표를 사긴 했으나 조금 당황스럽기도 했다. 이럴 줄 알았으
면 오후 내내 돌아다니는 게 아니었던 것이다. 공연관람도 기
본적으로 체력이 받쳐줘야 하고, 또 사전준비도 어느 정도 되
어 있어야 하는 것 아닌가. 워밍업도 없이 출전해야 하는 기분,
뭐 그런 것 때문에 찜찜하기도 했고, 공연 중 잠시 쏟아지는 졸
음과 싸우기도 했지만, 휴식 시간 후에는 그래도 집중이 잘됐
다. 물론 시간에 쫓겨 저녁꺼리(되너-케밥)를 그리 바삐 우겨넣
지만 않았더라도 내 몸의 사정은 훨씬 좋았을 것이다.

베를린 앙상블(Berliner Ensemble)의
"아르투로 우이의 저지 가능한 상승
(Der aufhaltsame Aufstieg des Arturo Ui)":

갑자기 대타로 공연되는 것인데도 극장 좌석은 꽉꽉 들어찼
다. 정말 믿기 어려운 열정들이었다. 아마도 뮐러에 대한 애도
분위기가 그 열기를 더욱 부채질한 것일지도.

막이 오르면 상층 관객석 양편에 걸린 특이한 모습의 남녀
인형에 각각 핀 조명이 비치고, 작품명이 쓰인 검은 빛의 얇은
막이 아직 걷히지 않은 가운데, 슈베르트의 "마왕(Erlkönig)"
이 끝까지 연주된다. 그동안 흰 얼굴에 입술을 붉게 칠한 '우이
(Ui)'가 '개'처럼 헐떡거리는 액션을 무대 전면에서 이미 시작
하고 있었던가, 아니면 그 뒤에 시작되었던가? 음악은 바뀌어
"The Night Chicago Died"(어느 그룹이 불렀더라?)가 커다
란 음량으로 울려 퍼진다. (이 곡은 마치 테마음악처럼 그 뒤에
도 장중한 느낌의 클래식 음악, 혹은 간명한 피아노 연주 등과
짝을 이루어 교체 반복되어 사용됨으로써 특별한 효과를 창출
한다). 그러면서 서서히 모습을 드러내는 미장센.

장치는 비교적 단순했다. 깊숙한 무대 안쪽 양편에서 거의
객석까지 늘어선 초록색 사각기둥. 뒷벽은 콘크리트 벽의 느낌
을 주는 색채의 벽이고 왼편 중, 하단이 철제 출입문처럼 보여
전체 무대가 마치 커다란 창고같이 생각된다. 무대 한가운데
사각의 상자모양으로 단이 놓여 있는데, 객석에서 보이는 앞쪽
내부에는 무슨 (톱니-)바퀴가 달린 기계장치가 설비되어있는

것 같았다. 때에 따라서 무대 중단의 천장에서 반투명의 장막이 이 단 바로 앞으로 내려지면 무대는 양분이 되어 특수한 시각적 효과를 만들어낸다. 부분적으로는 객석 바로 앞까지 무대를 늘여 뺀 듯이 무대 전면 끝부분이 이용되었는데, 이렇게 보면 무대 자체는 앞뒤로 크게 삼등분되어 활용되었다고 보인다. 하지만 초두에 이층 객석이 쓰이고, 맨 앞 객석도 이용되었으며, 퇴장 시에 객석 출입문이 사용되기도 했으니, 어쩌면 극장 전체가 활용된 것으로 해석될 수도 있겠다.

브레히트의 원작은 이미 알다시피 시카고 갱단 두목인 우이 - 알 카포네를 빗대고 있다고 함 - 가 합법적인 사업이라는 가면을 쓰고, 매수와 협박 등의 갖은 수완을 동원하여 세력을 얻고 권력을 장악하여, 마침내 그 누구도 통제할 수 없는 위치를 점유하는 과정을 그리고 있는바, 이것이 실상 히틀러가 정권을 장악하는 과정을 풍자적으로 그리고 있다고 하는 해석에 의심의 여지는 없다. 우이의 상승(출세)이 '저지 가능' 했던 것임에도 불구하고 그러지 못했던 모순을 굳이 표제를 통해 말하고자 함도 따라서 이해 못할 것도 아니다. 그러나 미리 듣던 바처럼 원작 텍스트에 비추어 이 공연이 전체적으로 희극적이고 냉소적인 색채가 훨씬 강해진 것은 가시적으로도 느낄 수 있었으되, 연출자 뮐러가 특히 서막과 에필로그 등에서 시도했다고 하는 일성한 재해석에 대해서는, 그 언어적 디테일과 뉘앙스가 제대로 소화시키기엔 너무 미묘한 영역이었기에 그저 아쉽기만 하다. 브레히트가 간파했듯이 자본주의와 갱단과 파시즘은 기본적으로 서로 뗄 수 없이 한 통속으로 엉켜있는 것일진대,

그렇다면 문제는 역시 '시스템'일까. 아니면 소아병적 잇속(이해관계)의 노예가 되어 그러한 체제의 존속에 기여하는 소시민들일까. 아니면 이 역시 '닭'과 '달걀'의 관계로 환원시키는 어리석음으로 인하여 뮐러 같은 사람의 비웃음이나 유발시키고 말 질문일까.

전체적으로는 완벽한 '듣기'의 어려움으로 제 풀에 답답한 생각이 들기도 하였지만, 그럼에도 무엇보다 돋보이는 것은 우이(Ui) 역을 맡은 배우(Martin Wuttke)로 대표되는 연기자들의 탁월한 연기력이었다. 히틀러를 거의 직접적으로 연상시키면서도 또 다른 풍미를 독특히 담고 있는 듯한 '부트케'의 연기는 인상에 오래 남을 듯하다. 히틀러 머리 스타일에 콧수염을 달고나와 '개'처럼 기어 다니다가 배우 '마호니'에게 대중연설을 위한 연기력 지도를 받고는 마침내 정치선동가로 변모하여 그 '대중선동예술'의 마력을 선보이는 장면 역시 압권이었고. 처음에는 파편적으로만 생각되었지만 곱씹을수록 의미가 새로워지는 장면들 중에는 나치 장교가 무대 전면에 나와 마치 스트립쇼에서처럼 옷을 벗는 충격적(?)인 장면도 있었다. 그는 입고 있던 나치 장교 군복의 상의와 하의를 차례로 벗더니 모자와 팬츠, 군화만 남은 단계에서 설마 하는 관객들의 예상을 비웃기라도 하듯 거침없이 팬츠를 벗어 거대한 흉물을 드러내 보여주더니 군화발소리 요란하게 무대 뒤로 행군해 사라졌다.

성적인 것을 바탕으로 한 이러한 '폭력성과 코믹의 절묘한 배합'은 '우이'의 섹스 장면에서도 눈에 두드러져 보였다. 이를테면 '우이'가 섹스를 하고 몸을 일으키는데, 다리 사이 그의 중요한 것이 없어진 모습이다. 그는 당황하여 여인의 그곳을 손으로 헤집어 그것을 끄집어내어 멋쩍게 다시 부착시키는 시늉을 하고는 그때서야 제 자리를 찾은 자기 성기를 내려다보며 안도의 한 숨을 내쉰다. 물론 극장 안이 떠나가라 관객들의 폭소가 터져 나왔다. 앞의 장면이 나치권력과 가학적 성폭력(혹은 성적 변태로서의 노출증)의 유사성을 연상시킨다면, 아마도 후자는 '거세-콤플렉스'와 밀접히 관련되어 있지 않을까. 이 둘은 아마도 동전의 양면과도 같은 것일 것이다.

개별적인 장면의 인물들의 배치와 움직임 설정의 짜임새, 음악적 효과와 미술적 효과, 한마디로 시청각적 요소의 완벽해 보이는 조화, 코믹과 패러디와 독설적인 비판이 녹아들어있는 파격적인 연출력. 요약한다면 연출력과 연기력과 음악, 미술이 조화를 이룬 수준 높은 공연이었다. 그러나 무엇보다도 새겨야 할 것은 하이너 뮐러의 연출이, 적어도 내가 관람한 '아르투로 우이'에 있어서는, 이른바 이론(이념)과 실제(실천), 그리고 예술과 정치의 완벽한 화합을 보여주고 있다는 사실이 아닌가 한다.

그러나 감동스럽기도 하고 또 그저 경탄스러울 수밖에 없는 마음 한편에서, 이러한 전체적인 연극적 역량이 그저 주어진 것은 아니라는 인식이 싹트고서는 어딘지 모를 허전함, 내지는 답답함, 또는 무력감 같은 설명하기 어려운 감성도 더불어 꾸역꾸역 밀고 올라왔음을 부인키 어렵다. 무능한 자가 여건 탓을 하기 마련이긴 하겠지만, 내가 놀았던, 또 놀아야 할 '물'이 이곳과는 달라도 많이 다른 물인 것도 사실 아닌가. 다시 한 번 자문해보건대, 연극예술가와 관객의 관계는 '닭과 달걀'의 관계와 같지 않을까? 열정과 지성이 하나 되어 창조(생산)해낸 경탄스러운 작품이 관객을 불러 모으기도 하지만, 그러한 작품은 한 달 전에 예약을 해도 작품관람이 쉽지 않다고 하는, 문화예술에 대한 관객들의 애정과 그것을 받쳐주는 사회 문화적 시스템을 바탕으로 해서만 싹틀 수 있는 것이 아닐까. 그렇다면 대체 우리의 연극이 지금 서있는 곳은 어디일까? 어렵게 현장을 지키는 우리 연극인들 앞에서는 감히 던지기 어려운 질문들이 마구 머리를 헤집는 게 영 마음이 편치가 않았다.

집에 돌아와 에르크너에서 사온 엽서로 아내와 아이들에게 짧막한 편지를 써서 큰 조카에게 부쳐주도록 부탁을 하고, 일기를 쓰고 나니 아주 늦은 시각이다. 정신없이 잠에 떨어진 듯.

H에게 뮐러-낭독회의 분위기를 전했더니, 그건 이곳 젊은 애들에게는 확실한 관심사들이 있기 때문이란다. 모두가 똑같은 관심을 가질 수는 없지만, 개별적으로, 혹은 집단적으로 자신들의 관심사에는 열심히 관여하고 참여하고 발언하는 능동성을 보여준다는 것이다. 하기야 '대중스타' 들에게 바치는(?) 우리 청소년들의 열정을 보면 우리에게도 전혀 가능성이 없는 일은 아닌지도 모르겠다.

오전, 샤워를 하고 저녁에 볼 "대합실. 도이칠란트. 각양각색의 목소리"의 텍스트를 뒤적였으나, 갖가지 방언이 섞여 있어 읽기가 몹시 힘들었다. 결국 공연 보러 갈 때까지 대략적으로 줄거리를 파악하는 수준에서 만족을 할 수밖에 없었다. 한때 정신없이 잠에 빠져들었다. 이 피곤함은 대체 어디에서 온 것일까?

오후 5시에 서점 키퍼트(Kiepert)에서 H를 만났다. 주문했던 "게오르크 뷔히너상 수상연설집(Büchner-Preis-Reden 1984-1994)"을 찾고, 키르쉬(S. Kirsch)의 시집 "마왕의 딸(Erlkönigs Tochter)"과 "하이너 뮐러-대화집"을 샀다. 폴커 브라운(Volker Braun)의 "자유로운 이피게니(Iphigenie in Freiheit)"를 주문했다. 그립스테아터(Grips Theater)에 관한 서적과 텍스트, 그리고 독일 방언사전을 살까 했으나 마땅치 않았다.

6시 30분 조금 넘어 '도이체스 테아터' 에 도착했다. 표를 구입하고 나서 매표소 앞에서 이런저런 프로그램을 뒤적이다

가 일요일 오후 4시에 호르바트의 "비엔나 숲 속의 이야기" 공
연이 이곳에서 있다는 걸 알게 되었다. 3시까지만 도착하면 좀
비싼 표일지는 모르나 현매표를 구할 수는 있으리라고 한다. H
에게 같이 보자고 제안을 했다. 아무래도 혼자서만 다니기는
여러모로 편치가 않고, 어쨌든 나에게 지금 중요한 것은 한편
이라도 더 볼 기회를 잡는 것이니 주머니 사정이 아쉬울 것도
없었다. 가장 좋은 방법은 다음에 건너 올 때는 프레스카드를
조달해 오는 것?

도이체스 테아터(Deutsches Theater.
Kammerspiele)의 "대합실. 도이칠란트. 각양각색의
목소리(Wartesaal Deutschland Stimmenreich)":

막이 올라가니 무대 뒷면 벽은 정거장임을 드러내는 커다란
유리 궁륭형천장(Gewölbe). 뭔가 바닷가 그림 같은 것이 희
미하게 반영되어 있었다. 나중에 H에게 듣기론 명시적으로 알
렉산더플라츠(Alexanderplatz)역인 것처럼 보인다고 한다. 희
미한 것은 말보로(Marlboro) 담배 광고에서 글자만 지운 것이
라고 하고. 동독이 무너진 후 가장 먼저 파고든 것이 말보로 담
배와 맥도널드(McDonald) 햄버거였다지? 물론 코카콜라
(Coca-Cola)야 말할 것도 없겠지. 하기야 초(Zoo)역 앞 교회
건너편의 그 유명한 섹스 샵(Sex-Shop)도 옛 동베를린과의 접
경지점에 지점을 개설했다고 하지.
무대 중앙 우측 상단에는 역에 항용 매달린 행선지와 노선

을 표시하는 팻말이 매달려있어, 장면이 바뀔 때 마다 등장인물을 표시해준다. 맨 끝 장(Malermeister장면) 이후의 에필로그에서는 이 표시판에 'Ansage Beachtung'(역의 안내방송에서 제공되는 정보에 귀를 기울이라는 지시)이라는 문구가 나타난다. 몇몇 장면의 인물표시는 텍스트와 조금 달리 나왔다. - 이를테면 텍스트의 택시운전사(Taxifahrer)가 만년대학생(Ewiger Student)으로, 기민당원과 노동자(CDU-Mitglied & Arbeiter)가 민중과 폴커(Volk & Volker)로 바뀌고, 또한 보험판매인(Versicherungsverkäufer)이 중의적으로 받아들일 수 있는 'Versicherer'(보험업자 내지는 보증인)로 바뀐 것이 눈에 띄었다. 풍자적 색채를 짙게 하려는 의도일 것이다. - 중앙에는 양면으로 등이 맞닿은 벤치가 놓여 있고, 장면에 따라 종횡으로 배치가 바뀌었다. 왼쪽에는 서서 활용하도록 고안된, 둥근 외다리 탁자. 경우에 따라서는 어느 장면에 사용된 팔걸이의자가 그대로 놓여 있기도 했다. 무대 맨 앞 중단에는 가로로 철사 줄이 몇 개 팽팽히 걸려있고, 이 줄을 따라 주홍빛 천으로 만들어지고 조명으로 창문의 효과를 내는 열차가 수차례 지나다니면서 인물의 퇴장 및 장면교체에 활용되기도 했다.

커튼콜 때 보니, 여자 넷, 남자 하나, 세 명의 밴드가 배우들의 전부였다. 여자배우들이 남자 역할까지 도맡아 했으니 - 특히 여러 역할을 소화한 두 명의 중년 여배우가 돋보였다 - 남자가 남자 역할을 한 마지막 장(Malermeister장면)에 특별한 의미부여를 한 셈일까? 더욱이 텍스트에서는 이 장면이 맨 끝에 배치되어 있지도 않다. H의 말처럼 작가인 클라우스 폴

(Klaus Pohl)이 자신의 이야기를 하고 있는 것으로 보아 무방할 것 같다. 관객들의 억제하기 어려워 보이는 웃음이 수시로 튀어 나왔듯이, 부분적으로는 아주 코믹하게, 부분적으로는 진지하게 장면들이 진행되었다. 나에게 흥미로웠던 건 매번 관객들 마다 웃음을 터뜨리는 부분들이 달라 보였다는 것. 아마도 각자가 자신들의 실제 생활 체험에 비추어 연극을 읽고 있을 가능성이 아주 높아 보였다. 텍스트를 정독치 못하여 아쉬움은 남았지만, 그래도 읽는다고 읽은 덕분에 공연 시 무슨 이야기를 하고 있는지 대략이라도 내용파악이 된 것은 다행이다.

'도이칠란트Deutschland' 라는 열차는 멈추어 있고, '대합실(Wartesaal)' 에는 '각양각색의 목소리(Stimmenreich)' 를 지닌 대기 승객들로 가득하다. 열차는 어디로 갈 것인가? 우리 속 담에는 사공이 많은 배는 산으로 간다는데. 제발 안내방송에 귀를 기울여 주시길? 왜 진작부터 뚜렷하고도 철저한 운행계획(Fahrplan)을 세워놓지 않았던가. 무작정 떠나고 볼 일이라고 생각했던 것은 누구란 말인가. 우왕좌왕할 수밖에 없는 사태가 초래되었다면 그 책임은 운행자들 쪽에 더 많은 것인가, 아니면 마구잡이로 짐 싸들고 나와서 어디론가 가자고 재촉하는 승객들에게 있는 것인가. 어찌되었건 되돌아 갈 수는 없다. 시간을 뒤로 물릴 수도 없는 일이니, 확실한 해결책은 과연 무엇인가?

'대합실' 이라는 작품의 주된 메타포를 기반으로 한 개략적인 나의 인상은 이렇다. 물론 공연에서는 각각의 인물들이 자신의 이름들이 표시하는 방향의 열차를 타고 제각각 어디론가 떠나는 것으로 처리되었는데, 이것이 공연의 효과를 위한 여러

기법들 중에 하나의 가능성일 순 있겠지만, 내가 보기에 텍스
트 자체는 앞서의 내 시각에 더 가깝다. 그러니 만약 내가 연출
을 한다면 차라리, 어찌할 바를 모르는 철도 당국, 그리고 대합
실에 모여 기약 없이 떠드는 승객들이 어우러져 뿜어내는 혼란
상을 그려내고 싶다. 그렇게 하려면 텍스트를 완전 재구성해야
할 것이지만. 카프카의 비유가 갑작스레 떠오르는 것도 무척
재미있다. 이를테면 '깜깜한 터널 속에 멈춘 열차, 아우성치는
승객들, 앞에서도 뒤에서도 빛 한줄기 비쳐들지 않고'.

　그 탁월한 시사성에 큰 의미부여를 할 수 밖에 없어 보임에
도 몇 가지 숙고해볼 점은 있다. 우선은 옛 동독 출신 주민들의
이야기에 너무 편중되어 있는 것은 아닌가. 그리고 실제 인터
뷰를 토대로 재구성한 언어 위주의 이 작품은 오히려 TV나 라
디오 프로그램으로 방송될 때, 혹은 카바레(Kabarett) 방식으
로 공연될 때 더 효과적인 것은 아닐까. 연극적인 예술성과 완
결성이 조금은 취약해 보이는 이 작품이 과연 어느 정도까지
시대를 넘어서는 반향을 지속할 수 있을까. 슈피겔(Spiegel)지
의 연극 평에서 개략적으로 읽은 문제제기도 다시 떠오른다.
즉 '고국을 떠나 뉴욕에서 살고 있는 작가가 떠나온 고향에 바
치는 애증(Haßliebesdienst)이라고도 할 이 작품'의 보이지
않는 저변에는 긍정적으로만 볼 수 없을 일종의 국가(국수)주
의가 꿈틀대고 있는 것이나 아닌지 하는 우려.

1996년 1월 14일 일요일

점심을 간단히 빨리 먹고 서둘렀으나 지하철 연결이 잘 안 되어 극장에 3시 20분경에나 도착했다. H가 이미 표를 사놓고 기다리고 있었다. 관객들이 많기도 하다. 장년층 이상과 노년 층이 많고, 청소년들도 눈에 꽤 많이 들어왔다.

지난번 공연 때 이미 접했던 '도이체스 테아터'는 전면에 공터가 있는 ㄷ자형의 옛날 대저택 같은 건물 내부에 본 극장 과 부속극장(Kammerspiele)이 나란히 붙어 있다. 독일연극 을 대표하는 극장의 하나로, 그 역사는 1883년으로 거슬러 올 라간다. 1894년에는 하우프트만의 작품인 "직조공들(Die Weber)"의 기념비적 공연이 있었고, 1895년부터는 약관 22세 의 나이였던 막스 라인하르트(Max Reinhardt)의 주도하에 나 치 집권 이전까지 그 예술적 성가를 드높이던 곳이다. 팸플릿 을 뒤적이며 보니 라인하르트는 그 시절 이런 말을 했다고 한 다. '현실(성) 없는 꿈은, 꿈 없는 현실이나 마찬가지로 나에게 별 의미가 없다. 그리고 극장이란 바로 실현(현실화)된 꿈으로 만 이루어지는 것이다.' 1906년에 그는 입센의 "유령 (Gespenster)"을 개관 공연으로 하여 부속극장(Kammer-spiele)을 연 장본인이기도 했다. 일종의 '실내극 또는 실내악 (Kammerspiel)' 같은 공연에서 관객이 연극을 좀 더 가까이 서 친밀한 느낌으로 볼 수 있도록 하기 위해.

1920년대 초 베를린으로 진출했던 약관 브레히트는 이러한 '사치스러운 연극무대'에서 펼쳐지는 '환상적인 연극'에 반기 를 들고 논쟁을 주도하기도 했지만, 사실 그 겉으로 보이는 외

양이야, 이미 4년 전 베를린-앙상블의 브레히트 주요 공연을
다 보러 다니던 시절 앙상블 극장을 보면서도 했던 생각이지
만, 우리나라 유명 대극장처럼 그리 압도적인 느낌을 주지 않
으니, 별로 대단해보이지 않을지도 모른다. 그러나 막상 내부
로 들어가 이리저리 둘러보고, 나아가 극장 좌석에 앉아서, 공
연이 시작되면서부터 작동하는 무대 메커니즘을 목도하고 나
면 생각은 180도로 바뀔 수밖에 없다. 이건 '빛 좋은 개살구'
가 아니라, 완전히 그 '거꾸로' 인 것이다.

도이체스 테아터(Deutsches Theater.
Kammerspiele)의 "비엔나 숲 속의 이야기
(Geschichten aus dem Wienerwald)":

연출자가 토마스 랑호프(Thomas Langhoff)라고 하는데,
팸플릿을 뒤적이다보니 이 사람이 현재 이 극장의 총감독
(Intendant)으로, 이번 시즌 도이체스 테아터와 캄머슈필레의
레퍼토리 목록에 그가 연출한 작품이 부지기수로 눈에 뜨였다.
"비엔나 숲 속의 이야기"는 지난 94년 9월 7일 시연(Premiere)
된 것으로 보아 두 시즌을 이어가는 레퍼토리이니 장사가 안
되는 것은 아닌가 보다. 하기야 - 나중에 확인한 것이지만 - 이
작품은 1931년 11월 2일에 바로 이 곳 도이체스 테아터에서
초연(Uraufführung)된 역사가 있으며, 희곡의 작가인 호르바
트(Ödön von Horvath)가 같은 해에 이 작품으로 클라이스
트문학상(Kleistpreis)을 받기도 했다.

사랑스럽고 상냥한 장난감 가겟집 딸 마리안네는 도축장인 오스카와 결혼하기로 되어있었으나, 잘생긴 난봉꾼 알프레드를 알게 되면서부터 그 인생행로가 꼬이고 만다. 비엔나 숲 속에서의 야유회 때, 노련한 그는 순진무구한 그녀를 손에 넣는데 성공하고. 집에서 쫓겨난 그녀는 알프레드의 누추한 집에 기거하며 아이를 낳지만, 그녀가 귀찮아진 알프레드는 그녀를 저급-댄스그룹에 보내버린다. 오스카는 여전히 마리안네를 사랑하며 결혼까지도 생각하지만 아이의 존재는 안중에도 없다. 마침내 마리안네는 카바레("막심")에서 이른바 '살아있는 군상'에 섞여 스트립쇼를 해야 하는 신세로 전락하고, 불가피하게 손님의 물건을 훔치다가 감방으로 가고 만다. 아이가 죽었다는 소식이 그곳으로 들려오고. 굴욕적인 행로의 최저점에 이르렀다가 절망한 채 겨우 집으로 돌아온 그녀를 그래도 (뭔가 달라진) 아버지는 받아준다. 게다가 마음착한(?) 오스카는 그 모든 것에도 불구하고 마리안네와 결혼할 준비가 되어있다고 하고.

정해진 궤도를 벗어나 (그것이 뭔지도 모르면서) 사랑을 선택했던 한 소녀의 인생유전. '사랑의 하늘'로 날아오르고자 했으나 '지옥'에 착륙하고 만 그녀는 결국 소시민적 세계로 귀환하여 가정의 행복에서 구원을 얻는 도리 밖에 없다. 이러한 멜로드라마의 틀을 중심으로 펼쳐지는 갖가지 인물군상의 살아가는 모습들. 모두가 나름대로 행복을 좇아 질주하지만 다다르는 곳은 낭떠러지 끄트머리. 행복한지 불행한지 알 수도 없는 채 비트적거리며 미끄러지면서 인생길을 꾸역꾸역 나아갈 뿐. 코믹하기도 하고, 비애스럽기도 하고, 약간은 감상적인 색채도

띤, 징그러울 정도로 가차 없고 적나라한, 현실과 인간에 대한 다양한 묘사. 아주 예전 대학시절에 접했던, 같은 작가의 작품 "믿음 사랑 소망(Glaube Liebe Hoffnung)"에서도 그랬던 것처럼.

원작도 그렇지만 연출(Inszenierung)도 아주 잘된 공연 같았다. 전체를 일관하면서도 부분적으로 더 강화되는 코믹성, 그리고 기본적인 토대를 이루면서도 노골적으로는 드러내지 않는 비극성이 썩 잘 어우러진 공연으로 생각되었다. 무엇보다 배우들 간에 연기력의 편차가 없어 한마당의 연기 잔치를 보는 느낌이었다. 독일어의 뉘앙스를 모국어처럼만 받아들일 수 있다면 금상첨화일 텐데 하는 마음이 들기도 했는데, 아쉬움은 오로지 그 것 뿐이었을까? 마리안네를 연기한 여배우는 스트립 쇼 장면을 연기하기 위해 짧은 순간이지만 알몸을 드러내 보여주는데, 누차 이곳에서 공연을 보며 느끼는 것이지만, 그 예술적 역량은 차치하고, '예술적 표현의 자유'라는 문제에 있어서만이라도 우리가 이들을 따라잡는 게 언제가 될지 요원하기만 하다는 생각이 들었다. 무대미술에 있어서, 시설을 이용하여 장치를 적절히 조립함으로써 실내든 야외든 가릴 것 없이 적절한 효과를 만들어내는 기술도 돋보였다. 물론 이곳에서는 그다지 특별날 것 없을지도 모르겠지만.

원작이 처음 나온 시점인 1930년대 초에 대해서, 그리고 작품의 인물묘사에서 드러나는 '누구도 책임지려 하지 않는 태도'에 대해서 H와 이야기를 나눴다. 가시적으로 그걸 볼 수 있게 해주는 인물도 등장했지만, 나치 집권 직전의 분위기, 그리고 히틀러의 집권을 가능케 해주었던 요인들을 짐작할 수 있게 해주는 부분도 눈에 띠었다. 책에서 읽었듯이, 작가는 작품 속의 인물들을 거의 암비발렌츠(Ambivalenz; 상반된 감정의 병존) 상태에서 그려내었는지도 모른다. 이를테면 그들의 불행에 대해 일종의 연민을 느끼게 만들면서도, 동시에 그들의 불행에는 그들 자신이 - 자신의 죄 값으로 - 책임겨야 할 몫이 있음을 숨기지 않는 것이다. 공연 전 배포된 우편엽서 크기의 전단에는 "'어리석음' 만큼 '끝없이 계속될 것 같은 느낌'을 강하게 주는 것은 없다(Nichts gibt so sehr das Gefühl der Unendlichkeit als wie die Dummheit.)"라는 문구가 작품 제목 바로 아래에 인쇄되어 있었다. 희곡에 나오는 구절인가? '체념이 뒤섞인 결말의 반전 속에서도 가혹한 진실을 채색도 윤색도 하지 않는 멜랑콜리한 시학'이라.

4시에 시작한 공연이 7시 15분경에야 끝났다. 휴식이 있었으니, 대략 3시간이 걸렸나? 저녁 약속에 늦었다. 7시 30분쯤에야 극장을 나와서 맞은편 공중전화에서 전화를 해보니 다들 초대받은 집으로 떠났다고 한다. 어쩔 수 없이 택시를 타고 달려 부리나케 그 집에 도착했으나 이미 한참을 늦고야 말았다. 그 집에서 만난 사람들은 주로 간호원 출신 한국 여성들과 독일인 남편들, 또는 한국인 부부, 그리고 그 사람들의 아이들이었다.

그런데 그중에는 옛 동독 출신으로, 독일 (재)통일 전에는 대학에서 공산주의 이론을 강의하기도 했으나, 지금은 포츠담

대학에서 법학을 공부하고 있다고 하는 U라는 젊은 친구도 있
었다. 조금 밖에 얘기를 나누지 않았으나 어쩐지 썩 맘에 들지
가 않았던 건 왜일까? 이런 느낌도 편견에서 온 것일까? 잘 모
르겠다. 어쨌든, 얼마 전까지만 해도 영속할 것 같았던 어느 체
제의 최고 엘리트 그룹에 속해 그 체제의 이데올로기를 강의하
던 젊은이가 이제는 무직자 신세가 되었을 뿐만 아니라, 예전
에 자신이 첨단에 서서 대항하던 체제의 구성원으로 편입되려
는 노력의 일환으로 다시 대학생이 되었고, 그리하여 예전에는
극력 부정했음에 틀림없는 그 자본주의 체제의 법을 공부하고
있다는 사실. 그리고 그런 그가 파티에서 이 사람, 저 사람과
밝고 명랑하게 대화를 나누는, 또는 나누려 애쓰는(?) 모습이
참 표현하기 어려운 복잡한 감정을 느끼게 한 것은 사실이었
다. 하필 "비엔나 숲 속의 이야기"를 본 날 저녁에 맞닥뜨릴 수
밖에 없었던 상황이라니.

1996년 1월 15일 월요일 흐림

오후 5시 조금 넘어 H가 차를 가지고 집으로 왔다. 여행을 떠날 준비로 우선 초(Zoo)역으로 가서 열흘간 유효한 '저먼 레일 패스(German Rail Pass)'를 520DM에 구입했다. H가 잠깐 누굴 만날 일이 있다면서 노이쾰른(Neokölln) 쪽으로 차를 모는데, 4년 전에 내가 늘 지나다니던 헤르만 플라츠(Hermann Platz)와 칼 마르크스 슈트라쎄(Karl Marx Straße)역, 그리고 그 곁의 헤르티(Hertie)백화점과 중국집이 눈에 들어왔다. 이러저러한 난관에 시달리던 그 시절에 대한 감회가 순간적으로 머리를 스치면서 왠지 코끝이 시큰해졌다.

가른 테아터(Garn Theater)는 처음 베를린에 머물렀던 그때, 그러니까 91년 가을에도 한번 들른 적이 있었던 그 지하 창고극장이다. 당시 어느 후배 녀석은 같이 가자는 제의를 망설임 없이 거절하며, '불나면 대책 없는 곳'이라고 농담 섞인 악담(?)까지 선사했었다. 극장에 도착했을 때는 저녁 7시 반 쯤 되었다. 아직도 한 시간의 여유가 있었다. 카페에 들어가 맥주를 한잔 하면서 이러저러한 이야기를 나눴다.

가른 테아터(Garn Theater)의 카프카(F. Kafka) 원작
"어느 학술원에 드리는 보고
(Ein Bericht für eine Akademie)":

원래의 제목으로 극단 '프라이에뷔네'가 한국에서 초연했고, 고 추송웅이 "빨간 피터의 고백"이란 제목으로 장기공연

했던 이 작품을 나는 한국에서는 왜 군이 보러가지 않았을까.
혹시 단편으로 쓰인 문학 작품의 고유한 '아우라'가 연극 무대
에서 재현될 수 있기는커녕, 도리어 파괴되고 말거라는 의심이
강력해서였을까? 어쨌든 아련한 기억의 저편으로 물러나 있던
원숭이의 생의 행로가 다시금 뚜렷이 되짚어졌다.

아프리카 황금해안에서 사로잡힐 때 두발의 총을 맞은 원숭
이. 한발은 뺨을 스치며 붉은 상처 자국을 남겨 그에게 '빨간
페터(Rotpeter)'라는 이름을 선물했고, 엉덩이 아래 깊숙이 박
힌 두 번째 총탄은 평생 그를 절룩거리게 했다. 문명사회로 실
려 가는 기선의 우리 속에서 막다른 지경에 처한 영리한(?) 원
숭이는 자신의 앞길에 두 가지 선택 가능성 밖에 없음을 눈치
챘다. 동물원 아니면 바리에떼(서커스단). 동물원은 또 다른 우
리일 뿐, 죽음보다 못하다고 여긴 원숭이 페터는 초인(?)적인
노력으로 인간의 말을 배워 바리에떼 진출에 성공하고. 그리고
다시 그 성공을 바탕 삼아 눈물겨운 노력 끝에 평균적인 유럽
인의 교육 수준에 도달하여 독자적인 공연(강연)을 행할 수 있
게 되었다. 인간들의 두뇌집단인 학술원의 회원들 앞에서도 주
눅이 들지 않고, 지금까지의 자신의 삶을 가감 없이, 어떤 감정
의 개입도 없이, 그저 '보고'할 수 있게까지 되는 원숭이.

대체 어떤 모습으로 형상화되는 것일까. 궁금함이 깊어지는
데 공연이 시작되었다. 어두침침하고 작은 홀. 전면에 탁자와
의자 하나가 놓여 있고, 벽을 빙 둘러 몇몇 개의 객석용 의자들
이 놓여 있다. 전면에만 희미한 불이 밝혀진 가운데 검은색 의
상에 가방을 든 원숭이가, 마치 관객을 놀래게 만들기나 하려

는 듯, 짐승 같은 소리를 내며 불쑥 뛰어 들어온다. 자유의지로 선택하지 못한 삶의 무게에 짓눌려 있는 현실을 드러내고자 함일까? 가방에서 서류를 끄집어내어 구겨버렸다가 다시 하나를 펴서 쥐어짜내듯 내뱉던 첫 대사. 울부짖는 것 같은 발성, 강한 악센트의 대사와 동작들. 객석을 돌아다니며 관객의 코앞에 얼굴을 들이밀기도 하고, 탁자와 의자 둘레를 갖가지 포즈로 타고 도는, 약간은 과장된 원숭이 액션이 그리 부담이 없지도 않았다. 보고(?)를 다 끝내고 나서는 무슨 가사 없는 노래 곡조를 큰소리로 부르기 시작하며 퇴장하는데, 막이 내릴 때까지 바깥에서 그 소리가 한참 들려왔다. 전반적으로 시종일관 음산하고 약간은 괴기스럽기까지 한 분위기였다.

너무 지적인 원숭이를 기대해서였을까? 그리 만족스런 기분은 아니었다. 얼굴 표정과 대사의 묘미만으로도 살려낼 수 있을 것 같은 은근한 비웃음의 색조를 느껴볼 수가 없었다. 인간적 삶의 현실에 대한 고차원적인 조소가 카프카의 본래 의도라고 생각되는데, 원숭이를 너무 야수적으로, 혹은 야생의 모습으로 (또는 날것 그대로) 그려낸 것 같다. 분장은 허연 수염을 달고 검은 칠로만 때운 게, 편의상 그랬는지는 몰라도, 야수적이기 보다는 인간적인 모습으로 한 것과는 정반대였다. H의 말대로, 원숭이 역을 맡은 폴란드 출신 배우의 언어적인 한계 때문에 그렇게 연출한 것일까. 아니면, 겉으로 보아도 소인극단(素人劇團) 냄새를 물씬 풍기는 이들의 연극적 특성이 이 작품도 그렇게 만들게 한 것일까. 어쩌면 원작을 처음 읽었던 때의 충격을 다시 떠올리고 되새겨본 것으로 관람의 의미는 충분

했던 것인지도 모르겠다.

몇몇 구절이 다시금 실감나게 다가왔다. 자유(Freiheit)와 출구(Ausweg). 그래. 원숭이가 자신에게 자유란 언감생심의 것이어서 오로지 출구만을 찾았다고 했던가. '필요가 있으면 배우는 것, 출구를 바란다면 배우는 것(Man lernt, wenn man muß; man lernt, wenn man Ausweg will)'이라고도 했던가. 그럼. 그렇고말고. '삶'이 아니라 '살아남기'('생존') 가 문제인 것이 어찌 원숭이에게만 해당되겠는가.

공연관람 후 초(Zoo)역 근방 카페에서 H와 함께 배를 채우며 맥주를 마셨다. 어쨌든 얘기가 된다는 것은 좋다. 이러저러한 이야기, 살아온 이야기를 많이 했다. 속물들이 판치고 그악스런 놈들이 힘을 얻는 세상에서 산다는 것, 아니 살아남는다는 것의 어려움. 제 한 몸 벌어먹고, 또 식구를 먹여 살리기 위해서 어쩔 수 없이 몸을 곧추세우는 것도 그리 유쾌한 여운을 남기진 못한다는 걸 잘 알지. 그럼에도 더 많이 갖기 위해 악다구니를 써대는 속물들의 떼거리에 생각 없이 뒤엉켜 들어가는 꼴이란. 그러한 세상에서 아이를 키운다는 것은 또 왜 이리 난망한지. 세상에 관해 뚜렷한 입장도 채 세워놓지 못한 처지에 왜 일은 덜컥 저질러놓은 거냐 말이야. 외로움이란 것이 그렇게도 강력한 적수였던가. 그래. 용감한 것의 다른 한 면은 경솔한 것, 그리고 겁이 많다는 것의 다른 한 면은 신중한 것일 수도 있겠지. 그렇다면 똑똑하고 머리 좋다는 것은 또 무엇이던가? 그 어떤 의미도 그것이 사용되는 맥락과 단절되어 그 자체로 이해할 수는 없으리라.

애기하다 보니 지나간 시절의 슬라이드 파편들이 단속적으로 눈앞을 스쳐지나갔다. 나에게 주어진 물적, 사회적 토대는 자유의지에 따른 고차원적인 노고의 소산일까. 또는 '원숭이'가 했던 것 같은 전무후무한 생존의 노력에 따른 것일까. 아님 그저 운이 좋았던 덕택일까. 맨 마지막의 경우라면, 누군가 그렇게 말했듯이, 나도 운이 다하면 끝장인 것이겠지. 그런데, 대체 그런데 이 허기, 좋게 말해 열정은 어디서 이렇듯 꾸역꾸역 솟아올라 오는 거지. 주체하기도 어려운데. 니체의 '이 사람을 보라'를 들고 와서 펼쳤던 게 누구였더라.

　오전에 C가 전화를 하더니 나더러 K와 함께 저녁 공연을 보러가라고 했다. 공연을 보러가는 건 좋은데, 그렇게 되면 결국 하이너 뮐러 장례식에는 가지 못하게 되니, 일면 서운하기도 했다.

　12시쯤 키퍼트(Kiepert) 서점 앞에서 약속한 일행과 만나 근방의 베를린공대(TU)의 멘사에서 함께 점심을 먹었다. 공간이 그리 넓지 않기도 했지만 몹시 붐볐다. 점심값을 내가 지불했으니 결국 내가 초대한 셈이 되었는데, 어쨌든 얻어먹은 것보다는 마음이 편했다. 점심을 끝낸 후 초(Zoo)역에서 멀지 않은 쿠담(Ku-Damm) 거리의 크란츨러(Kranzler)-카페라는 곳에서 커피를 마셨다. 하이네(Heine)같은 명사들이 들렀던 오래된 곳이고, 요즈음도 이름난 이들이 많이 들르는 명소라고 했다. P교수가 그 성품에 걸맞게 집요하게 시도를 하더니 창가쪽 자리를 확보하는데 성공을 했는데, 거리 구경을 하기에는 역시 창가의 자리가 좋았다. C교수가 금요일 저녁에 몇 사람을 초대하려는데 나보고 참석하지 않겠느냐고 제안을 해왔다. 이런 초대는 불가피한 사정이 아니면 거절하는 것도 결례이니, 아무래도 여행은 주말에야 떠날 수 있을 것 같다. 2시 반쯤 그들과 헤어져 걸어서 집으로 돌아왔다.

　오후 5시 반에 샬로텐부르크역(Charlottenburg S-Bahnhof)에서 K와 만나 도이체스 테아터로 갔다. 현매 표를 사기엔 너무 일찍 도착한 것인지, 6시 반이 되어서야 창구가 열렸다. 표를 사고, 아래층에 있는 레스토랑에 가서 저녁을 먹었다. 공연

중간 휴식시간에는 책 코너에서 클라우스 폴(K. Pohl)의 "마드리드에서의 자살(Selbstmord in Madrid)", 사비네 케비어(Sabine Kebir)의 "받아들일 수 있는 남자?(Ein akzeptabler Mann?)"와 연극사전(Schauspielführer)을 총 93, 70DM에 구입했다. 이 가운데 연극사전이 64DM이다. 너무 과도한 투자였나?

도이체스 테아터(Deutsches Theater)의 슈니츨러(A. Schnitzler) 원작 "윤무(Reigen)":

창녀와 군인, 군인과 하녀, 하녀와 도련님, 도련님과 젊은 유부녀, 젊은 유부녀와 남편, 남편과 귀여운 아가씨, 귀여운 아가씨와 시인, 시인과 여배우, 여배우와 백작, 백작과 창녀 - 이렇게, 마치 윤무를 추듯이, 사슬처럼 열 쌍의 남녀의 성적인 만남이 이어진다.

세기말 비엔나 사회의 갖가지 영역에서 펼쳐지는 성적인 욕망의 표출과 해소 과정을 통해서 당대의 사회적 제도적 인간적 모순과 허위를 가차 없이 들추어내는 작품이다. 계급적으로는 맨 아래('창녀')에서 시작된 파트너의 조합이 점점 상승하여 최상층('여배우와 백작')에까지 이르렀다가는 마지막 장에서 다시 최상층과 최하층의 조합('백작' 과 '창녀')으로 하강한다. 진실과 거짓, 갈망과 환멸, 욕망에의 탐닉과 각성이 공존하는, 그러한 내밀한 상황에서의 성적인 교제와 그 심리적 기저를 섬세하게 또 가감 없이 묘사함으로써 작품은 작가를 세계문학의 대가의 반열에 올려놓았다.

　1896/97년에 쓰였으나, 1900년에 비로소 사적인 인쇄물 (Privatdruck)로 만들어 주변 사람들에게 배포했던 것으로 볼 때, 작가는 자신의 작품이 초래하게 될 스캔들(?)을 이미 짐작하고 있었던 것이라고들 말한다. 1903년에 정식으로 출간되었고, 그해 뮌헨에서 4-6장이 초연되었으나, 전체 장면이 초연된 것은 작품이 쓰인지 거의 4반세기가 지난 1920년 12월 23일 베를린(Kleines Schauspielhaus)에서였다. 전체 작품의 초연이 지체된 것도 당연히 그것이 출판된 후 동시대인들이 받은 충격과 논란 때문이었을 텐데, 베를린-초연의 파장은 더더욱 엄청난 것이어서 작품은 '포르노그래피' 라는 누명을 쓰고 법정에 서야 하는 처지로까지 몰렸다.

　작가의 의도는 물론, 당대의 어느 계층을 막론하고서든 만연되어 있던 도덕적인 해이와 불감증, 그리고 그것의 기저를 이루는 제도적 모순을 성적인 모티브를 이용하여 폭로하려는 것이었다. 그러나 보수 가톨릭과 나치주의자 등 특정한 이데올로기의 신봉자들에게는 외적인 표현들을 빌미 삼아 작품과 작가를 도리어 부도덕한 것으로 매도하고 공격할 충분한 이유가 있었던 것이니 일종의 패러독스한 상황이었다고나 할까. 그럼에도 이 재판은 이른바 부르주아 모럴, 그리고 그 결혼제도의 모순과 허구가 '부메랑' 처럼 적나라하게 그 본질을 드러내는 과정이기도 했다고 하니, 보수 가톨릭과 국수주의 추종자들의 지원을 바탕으로 나치가 집권한 이후, 작가 슈니츨러의 책들이 '분서갱유' 의 일원이 된 것도 지극히 당연했다(?)고 할 것이다.

이날의 공연(연출: Jürgen Gosch, 무대미술과 의상: Donald Becker)은 특별난 재해석이나 각색은 없이 원작에 충실해 보이는 공연이었다. 각 장면에 따르는 현란한 무대미술이 우선 눈길을 끌었다. 어느 장면이나 다 그러했지만 특히 마지막 장면은 마치 한 폭의 그림이 살아 움직이는 것 같은 느낌을 주었다. 기량과 시설과 돈의 삼중주? 혹은 보다 중요한 것으로 '문화의식'이 가세하는 사중주라고나 할까? 나아가 각 인물들을 맡은 남녀 배우들의 완벽해 보이는 연기술, 관객들로 하여금 터져 나오는 웃음을 어찌할 수 없게 만들만큼 노련하기 그지없이 등장인물의 이중성과 허위의식을 표출해내는 그 연기력은 그저 경탄스러울 정도였다. 나에게는 특히 '도련님(Der junge Herr)'과 '백작(Graf)'을 함께 연기한 남자배우(Michael Maertens)가 흥미로웠다. K는 '여배우(Die Schauspielerin)' 역할을 맡은 배우(Simone von Zglinicki)가 두드러졌다고 하는데, 나에게 그 배우는 무엇보다 그 탁월한 발성으로 시선을 집중하게 만들었다. 세계 최고 수준의 연기력이라는 느낌은 작품 자체가, "비엔나 숲 속의 이야기(Geschichten aus dem Wienerwald)"에서처럼, 출연 배우들의 연기 경연장(?)이 되기에 적당한 것이어서 가능했던 것인지도 모르겠다. 어쨌든 '도련님'이 순간적이지만 성기를 드러내고, '귀여운 아가씨(Das süße Mädel)'가 전면을 보여주지는 않았지만 침대에서 알몸 연기를 펼쳤듯이 표현의 문제 자체가 우리나라와는 전혀 그 '물'이 다르다. 우리에게 있어 '정통극'이든 '실험극'이든 그 이름이 갖는 본래적 의미라도 제대로 구현할 수 있게 되는 건 대체 언제쯤이나 될까.

사랑을 아직도 믿고 있는가. 다른 이의 경험을 전하는 '도련님'의 대사에 따르면, '정말 사랑하는 사람과는 그저 울면서 밤을 지새울 수밖에 없었다'라고 하고, '백작'은 '사랑이란 존재치 않기에 얻으려고 애쓰는 것'이라고 하는데. 사실 작품은 다양한 신분과 직업을 가진 남녀 인물들이, 겉으로는 입에 발린 말처럼 사랑을 운위하면서도, 본질적으로는 성적인 욕망에 관련되어서 드러내는 갖가지 행태를 그려주고 있지 않은가. 신분에 따라 상이한 언어와 행위를 내보이는 것 같지만 - 욕망의 해소라는 - 그 목적은 똑같고, 그것의 수행과정에서 드러나는 허위의식과 이중성도 결국 한가지다. 다만 그 방식만이 다를 뿐이다. '무엇을(Was)?'은 한가지이고, '어떻게(Wie)?'에서만 그 계급적 차이에 걸 맞는 차별성을 드러낸다고나 할까? 오히려 신분이 높다고 하는 인물들에게서는, 다만 '세련된 언행'이라는 포장지로 그럴 듯하게 덮고 있을 뿐, 이를테면 애정관계와 이해관계를 접목시키는, 더한 영악스러움과 비굴함이 엿보이는 것이 편견 때문만은 아닐 것이다.

부르주아 체제 하에서 '정열'과 '질서'는 과연 '(제도화된) 결혼'을 통해 결합될 수 있는가. 소위 '일부일처제'를 기본 토대로 한 그 제도 아래서는, 작품의 '유부녀와 남편' 장면과 '남편과 귀여운 아가씨' 장면에서 드러나듯이 - 제각각 바람을 피우는 부부 중에 부인은 '남편의 과거사에 대한 호기심'을, 이어지는 장면에서 남편은 '아가씨의 경험이 처음인지에 대한 궁금증'을 숨기지 못 한다 - 겉과 속이 완전히 유리되는 처지를,

알면서도 모르는 척, '자기기만'의 과정을 통해 그저 감수할 수밖에 없는 것인가. 19C 말, 20C 초의 비엔나를 중심으로 한 서구 사회를 발가벗기는 이 작품의 문제의식이 성문제에서 이미 개방을 이루었다고 하는 이곳에서 아직도 통하는 것인지 돌아오는 차 안에서 잠시 대화를 나누었다. 글쎄, '지금 이곳'에서 그것은 더더욱 세련되게 잠복해 있는 것인지도 모른다. 어쨌든 현재의 한국사회가 처해 있는 상황을 볼 때, 한국에서 더더욱 시의적인 작품이 될 수도 있지 않을까? 알 수 없다. '포르노그래피 논란'이나 불러일으킬지도 모르니. 그런데 생각해보니 이번 시즌에 지금까지 베를린에서 본 연극 중에선 관객이 가장 적은 공연이었다.

C의 차로 돌아오는 길에 샬로텐부르크성(Charlottenburg Schloß) 옆의 루이젠브로이(Luisen-Bräu)라는 맥주 집에서 맥주를 마시며 이야기를 나눴다. 잠깐 본 성곽의 야경도 좋았고, 이른바 '일 미터 맥주(Ein Meter Bier)'라는 명칭으로 대표되는, 그 집에서 직접 만들어 파는 '하우스 맥주' 맛도 좋았으나, 이야기가 이곳에서 공부를 끝낸 사람들의 귀국 후의 취직에 관련된 문제, 그리고 우리나라 사람들과 특히 대학 사회에 관련된 문제로 옮아가게 됨으로써 몹시 짜증스런 상황이 되었다.

그래. 그들의 말대로 취직의 조건으로 돈을 요구하는 경우가 없지 않을 것이다. 함께 똥을 바르자는 건지도 모르지. 요즘 정치판에서 그러하듯이. 그렇게 하면 준 사람이나 받은 사람이

나 매 한가지이니 서로가 안전하다고 생각하는 것 아니겠어. 각자는 모두 자기들의 기준이나 판단에 따라 각자의 방식대로 업어치기(?)를 하든지 하겠지만, 세상살이에 능통한 이들의 사고와 실천방식은 가끔씩 평범한 이들의 상상을 초월할 만큼 단수가 높을 것이다. 만삭인 K의 옆에서 줄담배를 피워대면서 스스로가 참 곤혹스럽기도 했다.

1996년 2월 2일 금요일

늦게까지 잠을 자고, 11시 넘어서야 일어나 샤워를 했다. S
와 그의 친구 되는 사람이 왔기에 H의 소개로 인사를 나눴다.
S와는 어제 밤에도 인사를 한 것 같은데, 인상이 훨씬 말끔해
져있다. 점심을 먹으러 집을 나서기 전에 H가 페터 학스(Peter
Hacks)와 보토 슈트라우스(Botho Strauß)의 텍스트를 한권
씩 선물했다.

모씨가 '색 꽤나 쓰게 생겼다'고 했다는, 점심을 먹으러 간
식당의 그 여인은 내가 보기에도 역시 남자들의 시선을 끌만
하긴 하였다. 대체 남자들은 어떤 용모를 그렇게 표현하는 것
이냐고 H가 누차 물어보았는데, 그 의문을 속 시원히 해소시켜
주기엔 나의 언어적 능력이 너무 모자랐다. 2시 조금 전에 S가
자리에 합류했다. 점심 후, 그가 커피를 사겠다고 하여 카페에
들어가 이런 저런 이야기를 나누었다. 역시 주된 화제는 언어
와 관련된 이야기. 외국어와 모국어, 그리고 방언에 관한 이야
기도 많았지만, 어쨌든 자신의 모국에서 자신과 같은 사람은
'Verwachsene' - '잘못 큰 어른(?)'. 성인을 뜻하는 Er-
wachsene에 대한 일종의 언어유희, 또는 말장난 - 라고 자칭
하는 그 친구가 나에겐 호감이 갔다. 칼 마르크스를 언뜻 연상
시키는, 텁수룩하게 수염 기른 얼굴과 머리모양도 어쩌면 더
친숙한 느낌이었고. 5시쯤에 그가 집까지 바래다주었다.

집에서 한 시간쯤 쉬다가 간단히 저녁을 때우고, 7시쯤 H
가 몰고 온 차를 타고 함께 그립스 테아터(Grips Theater)로
갔다.

그립스 테아터(Grips Theater)의
"좌파 이야기(Eine linke Geschichte)":

3면이 계단식 좌석으로 둘러싸인 사각형 무대. 전면의 객석
이 양쪽 객석보다 상대적으로 컸다. 천장도 높아서 공간이 널찍
하고 시원스런 느낌. 한국의 마당극 양식에 아주 잘 어울릴 것
같은 극장이었다. 복합적인 용도로 고안된 대도구들 몇 개와 그
때그때 필요한 소도구들을 적절히 배치하여 개개 장면이 이루
어졌다. 주요 배역을 제외하고는 일인다역으로 진행되었고.

독일 좌파들의 역사? 1967년에서 시작하여 1968년의 이른
바 혁명시대, 그리고 1970년 이후와 80년대를 거쳐 에필로그
로 1996년의 이야기가 맨 끝에 붙는다. 중간 중간 해설자가 등
장하여 이야기를 이어주기도 하고, 코러스가 풍자적인 노래를
부르기도 한다. 기성세대와 젊은이들, 각자 다른 유형의 남녀
혁명가 지망생들이 엮어내는 '살아가는 이야기'가 비판적 거리
를 두고서, 다채로운 유머와 해학, 풍자를 바탕으로 조명된다.
감상주의도 냉소주의도 배제된, 뭐라고 즉각적으로 정의내리기
쉽지 않은 예술적 태도, 그리고 소재의 처리 방식이었다. 마지
막이 궁금했다. 그래도 어떻게든 좌파들은 살아가고 있다는 것
인가? 아마도 이 작품이 이 극단의 고정 레퍼토리의 하나로 계
속 그 자리를 차시한다면, 매년 그렇게 할 순 없을지 몰라도,
일정한 정도로 정치 사회 문화적 지형이 변화될 때 마다 다시
에필로그를 써야 하는 것이 아닐까? 그런데 사실 내가 마치 독
창적인 것인 것처럼 떠올렸던 이러한 생각은 이미 이 작품의

지속적인 공연을 통해 실행되어온 것이라고 했다. 하긴 누군들 그만한 아이디어가 없을까.

텍스트를 사놓고서도 읽지를 못해 내용상의 세목을 이해하기 어려운 부분도 있었지만, 의외로 그저 날려버린(?) 공연은 아니다. 나중에 기회 닿을 때 텍스트를 꼼꼼히 읽으면서 돌이켜보면 많은 부분 재구성이 될 수 있겠다는 생각이 들었다. 어쨌든 다시 한 번 남성의 노출되는 성기를 목도했다. 68혁명 시대의 '프리섹스'라는 캐치프레이즈도 그 이론과 실제에 있어 '삐거덕거림'을 온전히 비켜가기는 어려웠을 게다. 당시에 동거하던 한 쌍의 젊은 남녀 중에 남자아이가 그것을 실천해보려 했던지, 딴 여자 하나를 집으로 끌어들여 재미를 보던 찰라, 때마침 집으로 돌아온 여자 친구에게 현장을 들키고 만다. 질투를 못 이겨 남자를 팰 뭔가를 치켜들고 씩씩거리며 그를 쫓아다니는 여자. 그리고 내복 윗도리만 걸친 채 침대를 뛰쳐나와 길쭉하고 거시기한 성기를 덜렁이며 이리저리 도망 다니는 남자. 극장 안이 한참 동안 그야말로 뒤집어질 수밖에 없었다. 그런데 H는 실컷 웃고 나서도, 일부러 쿨한 척 하는 것인지도 모르지만, 약간은 시큰둥한(?) 반응을 보인다. 관객을 모으려고 여자들을 벗겨대다 못해, 이젠 빌미만 주어지면 남자를 벗겨댄다는 것이다.

'휴식시간(Pause)'이 있기도 했지만, 공연이 7시 반에 시작했는데, 끝나고 나올 때 시계를 보니 11시 10분이다. H가 차로 집까지 바래다주었다.

1996년 2월 5일 월요일

오전, 여전히 몸 상태는 좋지 않고, '지하철 1호선(Linie1)' -텍스트를 손에 잡아 보았으나 베를린 사투리로 쓰인 대사들이 머리에 쏙쏙 들어오질 않았다. 집에서 초대받아 온 손님들과 함께 점심을 먹었다. 조 교수 집에서 먹었던 연어 회가 똑같은 방식으로 재현되어 있어서 양껏 먹었다. 오후 시간은 텍스트를 어정어정 뒤적이며 보냈다. 결국 이걸 보려고 귀국을 늦추게 된 셈인데도 집중하기가 어렵다니 그간의 객지 생활에 어지간 히 지쳤던 모양이다. 베를린에서 느끼던 신선한 공기도 이미 많이 색이 바란 듯 하고.

6시 30분에 집 앞에 나와 서 있다가, 40분쯤에 나타난 H, 그리고 S와 함께 그들의 차를 타고 그립스 테아터로 갔다. 벌 써 많이들 와 있는데, 입장은 15분전에나 시켜준다고 한다. 맨 앞쪽에서 줄을 서서 기다릴 때, S가 프로그램 한부를 사다가 다 읽고 나서는 나에게 선물했다. 10분전에야 입장이 되었다. 참 특이하게도 미리 좌석 지정이 되어 있지 않은 공연이다. 일 찍 와서 줄을 선 덕분에 전면 앞쪽의 비교적 좋은 자리에 앉을 수 있었다. 금방 자리가 꽉 차는 대만원 공연이었다.

그립스 테아터(Grips Theater)의 대표작이자
고정 레퍼토리 "지하철 1호선(Linie 1)":

록밴드의 연주소리와 함께 반투명 장막으로 가려진 전면 상 단부에 밴드의 모습이 비치고, 상단부와 아래쪽을 가르는 선을 타고 도시의 실루엣 스카이라인이 비쳤다. 잠시 후 중단부에 치켜 올려져 스크린처럼 활용되던 큰 사각형 나무판이 내려오면서 뒷면에 장치된 계단을 바닥에 닿게 하면, 그것이 바로 초(Zoo)역의 계단이다. 곧이어 계단 위쪽에 꿈에 부풀고 기대에 찬 밝은 표정의 '소녀(Das Mädchen)'가 등장하고, 밴드 반주에 맞추어 "초역 아침 6시 14분(6 Uhr 14 Bahnhof Zoo)"을 노래한다. 그리고 이어지는 장면들. 지하철 장면에서는 다시 계단이 위로 치켜 올려져 스크린 역할을 하고, 전면은 연기 공간, 양옆은 선로로 들어오는 통로로서 형광등이 켜지고 꺼지면서 등, 퇴장 시에 활용이 되었다. (한국 공연에서도 이 구조가 거의 그대로 이용된 것 같다. 따라서 어떤 점에서는 특별나게 두드러져 보이는 것이 없이 왠지 익숙한 느낌이었다.)

고등학교를 졸업하고 결국 쫓겨나다시피 집을 나온 '소녀' - 주지하다시피 이곳에서는 진학을 했든, 취직을 했든, 혹은 실업상태이든 그 나이엔 의무적으로 독립을 해야 한다 -. 이 시골 소녀는 자기가 사는 곳으로 순회공연을 왔을 때 만난 적 있던 인기가수 '죠니(Johnnie)'가 자신에게 했던 사랑고백, 그리고 그가 주었던 주소에 의지하여 그를 찾으러 대도시 베를린에 나타난 것이다. 역 구내는 아직도 밤의 찌꺼기들이 가득하고, '소녀'는 지하철 1호선을 타고 '죠니'가 산다는 크로이츠베르크(Kreuzberg)로 향하는데, 대도시의 지하철 승객들이 보여주는 온갖 행태들이 시골출신인 '소녀'에겐 그저 놀라울 따름이다. 어리둥절한 상태로 어찌어찌 도착한 종착역에서 만난 삐끼 '밤비'와 불량배 '클라이스터', 그리고 창녀 '룸피'는 '소녀'

에게 '죠니'가 엉터리 주소를 적어줌으로써 그녀를 속였음을
알게 해준다. 그를 찾아주겠노라는 그들의 약속을 믿고 다시
초역으로 돌아오는 열차 안에서도 '소녀'는 대도시를 살아가는
갖가지 유형의 사람들을 정신 차릴 수 없을 만큼 혼란스럽게
마주 대하게 된다.

희망에 차서 시작했던 '소녀'의 베를린에서의 하루는 점차
악몽(?)으로 변한다. 뚱쟁이 '몬도'가 몰래 수면제를 타 넣은
커피를 마시고 잠이 들었다가 '팔려 갈 뻔 했던' 위기를 주변
사람들의 도움으로 간신히 모면하기도 하고, 자기를 도와주던
'클라이스터'의 단짝 '룸피'가 선로에 몸을 던져 죽는 사건을
겪기도 한다. 갖은 우여곡절 끝에 '소녀'가 마침내 얻어낸 소식
은 자신을 사랑한다던 '죠니'가 그의 '뒤를 봐주는' 돈 많은 연
상의 여인의 애인이며, 그녀에게 마마보이처럼 매여 있다는 것.

결국, 자신이 사랑하고, 또 자신을 사랑한다고 믿는 사람을
찾아 대도시 베를린에 나타났던 '소녀'는 자신의 '동화 속의
왕자(Märchenprinz)'였던 그 인기가수 '죠니'가 그녀의 마음
을 다시 얻으려 애씀에도 불구하고 그를 떠난다. '소녀'가 선
택하는 것은 자기를 처음부터 내내 지켜보면서 안위를 지켜주
겠다는 듯이 뒤를 따라다니던 수줍어 보이는 젊은이('시인지망
생')이다. 그리하여 마침내 마지막으로 초(Zoo)역에서의 둘의
결혼식 장면이 이루어진다. 둘이서 부르는 노래 "나를 꼭 안아
주세요(Bitte halt mich fest)"와 함께. 환상을 깨고 현실 속에
서 꿈과 사랑을 구한다는 것. 이미 듣던 바처럼, 그 모든 대도
시 삶의 어두움과 고단함을 말하면서도 인생이란 것을 기본적

으로 긍정적으로 접근하고 있고, 나름대로의 비전제시도 있다. 그렇다고 해서 섣부른 낙관주의를 말하는 것 같지도 않고 말이다. 노래들 중에서는 "울고 있어도 아름다운 당신(Du bist schön, auch wenn du weinst(Marias Lied))"이 귀에 쏙 들어왔으며, "꿈을 꿀 용기(Mut zum Träumen)"는 선입견 때문이었는지는 몰라도 의외로 좀 빠른 느낌을 주는 템포의 곡조였다.

공연을 본 후에 알게 된 것이지만, "지하철 1호선"과 관련해서 흥미로운 것 중 하나가 영화로 만들어진 버전(1988년, Reinhard Hauff감독)의 결말이 공연의 결말과 다르다는 것이다. 영화에서는 '소녀'가 수줍은 젊은이('시인지망생')를 선택하는 것이 아니라, '룸피'를 잃고 상심해 있는 '클라이스터'에게 손을 내미는 것이다. 그리고 '시인지망생'은 '마리아'와 짝이 되니 연극공연과 비교하면 서로 짝이 바뀌어 맺어지는 셈이다. 애정, 그리고 그것을 통한 결합에는 일종의 '연민'과 연대의식(혹은 유대감)이 따로 떼어놓을 수 없을 만큼 긴밀하게 관련되어 있다고 하는 명제가 드러나 보인다고나 할까. 공연의 결말과 영화의 결말, 이 둘만을 놓고 본다면 후자의 것이 개인적으로는 더 지지하고 싶은 결말이다.

공연에서 몇 가지 특기할만한 점들 중에는 이른바 '베를린 사람(Berliner)'이 아니면 제대로 알기 어려운 부분들이 많다는 점도 있었다. 특히 '빌머스도르프의 과부들(Wilmersdorfer Witwen)' 장면이 그것인데, 그 곳에 그런 유형의 과부들이 많이 산다는 걸 외지인들이 어찌 알 수 있으랴. 또한 통일이 된 후 지하철 노선을 재배치하는 과정에서 원래 이 작품의 토대인 1호선은 2호선이 되고, 2호선이었던 것이 1호선으로 명칭이 바뀌어 붙여졌다 한다. 이점은 공연에 반영되지 않았다. 한 가지 더. 사족일수도 있겠지만, H의 말로는 공연에서 세대교체가 이루어졌다고 할 정도로 배역이 많이 바뀌었으며, 특히 마리아 역은 전에 자기가 봤을 때는 "좌파이야기(Eine linke Geschichte)"에서 카린 역을 했던 배우가 했는데, 그 배우가 노래도 연기도 훨씬 나았다고 한다. 물론 그러한 평가는 개인 취향에 따른 것인지도 모른다. 어쨌든 커튼콜 때에 엄청난 환호와 갈채가 쏟아졌다. 관객들의 특성에 따른 것이기도 하겠지만, 이제껏 경험해본 적 있었을까 생각하게 만드는 대단한 열광이었다.

한국에서 김민기가 만들었던 공연(극단 학전의 '지하철 1호선')은 이른바 '번안'의 진수를 보여줬다는 평가를 받았다. 원작자인 폴커 루드비히(Volker Ludwig)조차도 자신의 극단이 아닌 곳에서 만들어진 버전 중 최고이자, 자신의 공연보다 나은 점이 많은 공연이라고 극찬을 했다는 이야기도 들은 적 있다. 그 모든 것을 대부분 인정하면서도 '김민기-버전'을 보고 나서 남게 된 아쉬움이 있었다면, 이를테면 이런 것들이다. 우리나라에도 성년을 앞둔 시점에 아무런 대책도 없이 내몰리듯 집을 나와 삶의 방향을 상실한 채 방황하는 청소년들이 없을 리 없잖은가. 그러니 군이 원작에서의 인기가수 '죠니'와 '소녀'의 관계를 백두산 관광나간 '제비'와 '연변처녀'(처음엔 '연순' 또는 '연심', 다음엔 '선녀'?)의 관계로 치환해야 했을까 하는 의문이다. 그러나 그보다도 더 중요하고 본질적인 질문은, 현대 자본주의의 대도시적 삶이 드러내 보여주는 온갖 모순과 부조리와 갈등들을 보여주면서도, 원작 공연이 근본적으로는 인생에 대해 활기차고 긍정적이며 낙관적인 색채를 바탕에 깔고 있는 반면에, 왜 '김민기-버전'은 도리어 어둡고 부정적인 색조에 비관적인 결말을 강하게 드러내주고 있는가 하는 것이다. 하기야 어쩔 수 없는 것일지도 모른다. 현 시기 한국사회에서 순진(?)하기 이를 데 없는 낙관적인 전망을 두서없이 펼치는 사람은 참으로 어리석게 느껴질 수도 있을 터이니 말이다.

그런데 사실 나로 말할 것 같으면, 벌써 나이가 들고 비겁(?)해져서인지, 요즘은, 영화에서든 연극에서든, 아무런 전망도 주지 않는 답답한 결말을 접하고 나면 '분노'라고나 할까, 또는 '원망'이라고나 할까. 여하튼 말로 표현하기 어려운 어떤 감정이 열화처럼 불쑥 솟구치기도 하는 것이다. 그 감정을 애써 굳이 언어화시키자면 뭐 이런 것일지도 모르겠다. '그러니 어쩌자고? 돈까지 들여서 기분 잡쳤다고 생각하는 사람은 어떻게 하고? 너무 혼자서 잘난 체 하지 말고, 차라리, 겸손한 자세로, 함께 길을 찾아보자고 손을 내밀어 보는 게 어떨까?' - 그립스 테아터의 공연에서 가장 인상 깊었던 것들 중에는 아무 의지할 데 없는 연금생활자 처지의 노인이 "산다는 건 참 좋은 것 (Herrlich zu leben)"이라고 노래하며 주변 사람들, 특히 딱한 처지의 젊은이들의 용기를 북돋우는 장면도 있었다. 결국, 가혹한 삶에 내몰린 우리의 관객과 독자들이 예술 작품과 공연을 통해서 얻고 싶어 하는 것이 그저 '오락'이든 '즐거움'이든, 아니면 '배움'이든, 또는 '위안'이거나 '용기'이든, 결국 무엇보다 '소통'을 그 기본속성으로 하는 연극이라는 예술의 생산자들에게 중요한 것은 현실적 삶의 갖가지 난관을, 연대의식을 바탕으로, 관객들과 '함께 헤쳐 나가려는 자세'가 아닐까.

극장 문을 나선 것이 10시 45분경. 맥주를 한잔 사겠다는 나의 제안에 S가, 연극 공연 속의 '소녀'가 지하철을 타고 향했던, 크로이츠베르크에 있는 어느 목로주점(Eckkneipe)으로 안내했다. 월요일이라서 그런지 손님이 별로 없었다. 머리를 길게 기른 나이 들어 보이는 사람과 또 하나. 그리고 주인. 그들과 우연히 토론을 하게 되었다. 애초 화제는 C의 집에서 벌어진 토론이 씨가 된 것인데, '다른 것'과 '다른 사람'을 놓고 느끼는 배타적 감정이 과연 불안(Angst)에서 오는 것이냐, 아니면 불신(Mißtrauen)에서 오는 것이냐를 놓고 독일인들 자기들끼리 힘거운 설전을 벌이게 되는 결과를 가져왔다. 제3자로서 내가 판을 재조정해보기엔 너무 힘이 모자랐다.

그리고 나서 자리를 옮겨 놀렌도르프 플라츠(Nollendorf Platz)에 있는 다른 술집으로 갔다. 바닥에 모래가 깔려 있는 것으로 유명하다고 했다. 몇이서 '실내축구'를 열심히 하고 있었다. 예전에 우리 어릴 때 한국에도 소개되었으나 지금은 거의 찾아보기 어려운 바로 그것. 그리고 다시 당구대가 놓여 있고 식사도 할 수 있다는, 어딘지 정확히 위치를 모르는 레스토랑으로 갔다. 늦게까지 영업을 하기 때문에 운전사들이 애용하는 곳이라고 했다.

지난 1월 마지막 날에 바이마르(Weimar)에 가서 괴테와 실러의 시를 떠올리며 그들의 흔적을 찾아 다녔노라는 나의 말에 S는 자기들도 읽지를 않는 그들의 시를 먼 동양 사람이 읽고 기억한다는 게 아이러니(ironisch)하게 생각된다고 말했다. 나로서는 참 복잡한 심사일 수밖에. 맥주를 마시며, 각자 음식을 시켰으나, 난 별로 먹지를 못했다. 남은 음식을 포장해서 두 사람에게 주어 보냈다. 두 사람이 나를 집 앞까지 바래다주었다. 거의 새벽 4시경이 되어서야 자리에 누울 수 있었다.